Sicher ist sicher. Bei aller Sorgfalt, die wir in der Recherche haben walten lassen, können sich Öffnungszeiten auch einmal kurzfristig ändern, oder ein Lokal ist gerade an Ihrem perfekten Hamburg Wochenende ausgebucht oder geschlossen. Darum empfehlen wir grundsätzlich möglichst weit im Voraus zu reservieren. Ein kurzer Anruf genügt und Sie können sicher sein zur vereinbarten Zeit einen Platz zu finden.

© Süddeutsche Zeitung GmbH, München
für die Süddeutsche Zeitung Edition 2008
in Kooperation mit smart-travelling GbR, Berlin
Reihe „Ein perfektes Wochenende in ..."

Idee und Konzept: Nicola Bramigk, Nancy Bachmann, Judith Homoki und e27
Texte: Nancy Bachmann, Uwe Melichar
Fotos: Steffen Jänicke, Strandperle: Benne Ochs, S. 75 Björn Jarosch

Umschlaggestaltung: Verena Bettin, e27, Eberhard Wolf
Art Direktion: Verena Bettin, e27
Illustration: Verena Bettin   Stadtkarte: Kathleen Schwibus

Redaktion: Nicola Bramigk, Nancy Bachmann, Renate Bugyi-Ollert

Projektleitung: Sabine Sternagel
Produktion: JournalMedia GmbH, München
Herstellung: H. Weixler, T. Neseker
Druck und Bindung: Kessler Druck + Medien, Bobingen

4. aktualisierte Auflage 2009

ISBN: 978-3-86615-494-0

SMART
TRAVELLING

EIN PERFEKTES WOCHENENDE IN ...
HAMBURG

Hotel: Hotel Abtei
Abteistraße 14, HH – Harvestehude
Tel: 0049 (0)40 442905
Seite 8

Hotel: Yoho Hotel
Moorkamp 5, HH – Eimsbüttel
Tel: 0049 (0)40 284191-0
Seite 14

Restaurant: Vienna
Fettstr. 2, HH – Eimsbüttel
Tel: 0049 (0)40 4399182
Seite 22

Restaurant: Artisan
Kampstraße 27, HH – Schanzenviertel
Tel: 0049 (0)40 42102915
Seite 32

Restaurant: Fillet of Soul
Deichtorstr. 2, HH – HafenCity
Tel: 0049 (0)40 70705800
Seite 44

Restaurant: Fleetschlösschen
Brooktorkai 17, HH – Speicherstadt
Tel: 0049 (0)40 30393210
Seite 54

☞ Weitere Adressen finden Sie unter www.smart-travelling.net

Café: Petit Café
Hegestr. 29, HH – Eppendorf
Tel: 0049 (0)40 4605776
Seite 60

Bar: Strandperle
Am Schulberg, HH – Övelgönne
Tel: 0049 (0)40 8801112
Seite 66

Bar: Bar Hamburg
Rautenbergstr. 6-8, HH – St. Georg
Tel: 0049 (0)40 28054880
Seite 70

Shop: Mutterland
Ernst-Merck-Str. 9, HH – St. Georg
Tel: 0049 (0)40 28407978
Seite 76

Gut zu wissen
Tipps, Ausflüge, Spaziergänge
Seite 89

DAS TOR ZUR WELT

Wer morgens, wenn die Sonne aufgeht, auf der Oberbaumbrücke über der Elbe steht, der spürt, welche Kraft von Hamburg ausgeht. Zur Rechten die hundert Jahre alte Speicherstadt, gebaut aus rotem Ziegel, mit bizarren Giebeln und Türmchen, die sich in den Fleeten spiegeln. Zur Linken das gewaltige Gelände der neuen HafenCity, in der internationale Architekturbüros modernste Wohn- und Geschäftsgebäude wie Spielzeuge aneinanderstellen. Hamburg ist kontrastreich. Prachtvolle Gründerzeitvillen stehen neben klotzigen Backsteinbauten und zweckmäßigen Arbeiterwohnquartieren. Zur Mittagszeit sitzen in den Restaurants hanseatische Kaufleute Seite an Seite mit quirligen Werbern, die von hier aus die Geschicke internationaler Marken und Märkte lenken. Es lohnt sich auch einen Blick auf die kleinen Perlen zwischen den großen Sehenswürdigkeiten zu werfen. Traditionsreiche Geschäfte bieten handverlesene Spezialitäten, junge Designerinnen schneidern ihre exklusiven Kollektionen im Hinterzimmer eines Ladenlokals und in den kleinen Musikclubs wurde schon vor Jahrzehnten von engagierten Bands Musikgeschichte geschrieben und werden auch heute noch experimentelle Sounds und außergewöhnliche Live-Konzerte geboten. Wie alle paar Stunden die Flut die Wellen aus der Nordsee nach Hamburg trägt, so kommen auch immer wieder neue Einflüsse in die weltoffene, liberale Stadt. Lassen Sie sich ein Wochenende lang treiben zwischen den eleganten Stadthäusern Harvestehudes, durch das Getümmel der schillernden Kiezmeile, entlang lauschigen Kanälen und zwischen bunten Containerstapeln, wo Verladebrücken rund um die Uhr die gigantischen Ozeanriesen bedienen. Willkommen in Hamburg.

HOTEL ABTEI

Es gibt keinen schöneren Ort in Hamburg, an dem man ein romantisches Wochenende verbringen kann. Die elegante Stadtvilla liegt in einer ruhigen Straße im feinen Harvestehude, wo sich ein Prachtbau malerisch an den nächsten reiht. Beim Betreten fühlt man sich sofort von der familiären herzlichen Art des Besitzerehepaars Lay in Bann gezogen, genauso wie von den abgestimmten Farben an den Wänden im Kaminzimmer und dem Prinz Frederiks Room. Das kleine, aber feine Anwesen wirkt wie eine Reminiszenz an das vorletzte Jahrhundert. Elf geschmackvoll eingerichtete Zimmer mit erlesenen Antiquitäten und Stoffen, prächtigen Gemälden und prunkvollen Stuckdecken verraten Hamburgs Zuneigung zu allem Englischen, und in der exquisiten Ausstattung der Bäder mit handbemalten Waschtischen im alten englischen Stil spürt man die Leidenschaft des Hausherrn. Das reichhaltige Frühstück wird bei Kaminfeuer im Souterrain oder bei schönem Wetter in dem idyllischen Garten serviert. Das Haus versprüht ein unmittelbares Wohlfühl-Ambiente, so dass man es bis zur Abreise am liebsten gar nicht mehr verlassen möchte. Dabei ist die Lage in unmittelbarer Nähe zu den Boutiquen in Eppendorf und zur Außenalster erstklassig. Seit Juni 2008 kann man in dem Bistro im ehemaligen Billardzimmer kleine Gerichte wie gemischte Antipasti, Steak Tatar oder Entrecôte genießen.

Hotel Abtei Adresse: Abteistraße 14, Harvestehude Tel: 0049 (0)40 442905
Email: info@hotel-abtei.de Internet: www.hotel-abtei.de
Preise: DZ ab 190 Euro inkl. Frühstück

☞ Restaurant Prinz Frederik

In dem wunderschönen türkisfarbenen Zimmer, das von der Familie Lay auf-
wendig restauriert und stilvoll mit Antiquitäten bestückt wurde, befindet sich
das Gourmet-Restaurant „Prinz Frederik". Hier können Sie an einem der
fünf Tische zwischen Spiegeln und Gemälden ganz hervorragend dinieren.
Küchenchef Jochen Kempf, der einen Stern beim Guide Michelin erkocht hat,
zaubert phantasievolle Menü-Kreationen mit französisch-mediterranem
Einschlag, die nur noch von ausgewählten Weinen abgerundet werden.

Öffnungszeiten: Dienstag – Samstag 18.00 – 22.00 Uhr,
Sonntag und Montag geschlossen

YOHO HOTEL

Hinter der weißen Fassade der Gründerzeit-Stadtvilla in Eimsbüttel eröffnet sich eine Welt, die Orient und Okzident charmant miteinander verbindet. Puristisches, geschmackvolles Design mit schlichten Eichenholzmöbeln und hohen, weiß verputzten Zimmerwänden trifft auf orientalische Üppigkeit in dem syrischen Restaurant Mazza, das tagsüber auch als Lobby genutzt werden kann. Eine gelungene Mischung, die Kreative, Geschäftsleute und Models gleichermaßen lieben, genauso wie die Nähe zum angesagten Schanzenviertel und die guten Preise. Besonders nett und gesellig ist das Frühstück am Morgen an der langen Holztafel im imposanten Okzidentsaal. Und so wundert es nicht, dass die Gäste, die einmal hier waren, immer wieder kommen. Ein Gast hat einmal geschrieben: „Ich freue mich schon auf heute Abend, denn dann schlafe ich wieder im YoHo." Daher sollte man auf alle Fälle 6 bis 8 Wochen im Voraus reservieren.

YoHo Hotel Adresse: Moorkamp 5, Eimsbüttel Tel: 0049 (0)40 284191-0
Email: yoho@yoho-hamburg.de Internet: www.yoho-hamburg.de
Preise: DZ ab 99 Euro, Young Rate (unter 26) 75 Euro, Frühstück 12 Euro

☞ Kulinarischer Ausflug in den Orient

Wer einmal in dem schönen Hotel-Restaurant Mazza Platz genommen hat, muss sich keine Gedanken mehr um die Wahl des richtigen Gerichtes machen, sondern kann sich auf den gemütlichen Sesseln entspannt zurücklehnen und die Karawane der syrischen Köstlichkeiten in kleinen Schälchen über den Tisch ziehen lassen. Für nur 28 Euro gibt es ein 5-gängiges Vor-Haupt-Nach-speisen-Menü. Und zum krönenden Abschluss noch eine süße Sünde des Orients: Mokka mit Kardamom. Ein perfekter Ort für ein geselliges Essen zu zweit oder mit Freunden, den auch viele Hamburger zu schätzen wissen.

Tel: 0049 (0)40 28419191, Email: info@mazza-hamburg.de
Internet: www.mazza-hamburg.de, Öffnungszeiten: täglich 12.00 – 15.00 Uhr und 18.00 – 23.00 Uhr (Küche)

☞ 25hours

Im 25hours erwartet Sie ein junges, frisches und design-orientiertes Ambiente, und das zu sehr fairen Preisen. Eine legere „Wohnzimmer"-Lounge mit Kamin lädt zum Verweilen ein, das gleichnamige Restaurant mit Bar bietet deutsch-italienische Küche. In einer alten Villa gegenüber ist das 25hours Guesthouse hinzugekommen mit 2 Studios und 3 Doppelzimmern, einer komplett ausgestatteten Küche, einer überschaubaren Bibliothek und einer Terrasse mit kleinem Garten. Untergebracht auf dem alten Gaswerk-Gelände in Ottensen liegt das Hotel allerdings nicht ganz so zentral.

Paul-Dessau-Straße 2, Ottensen, Tel: 0049 (0)40 855070
Email: hamburg@25hours-hotels.com, Internet: www.25hours-hotels.com
Preise: DZ ab 105 Euro, Frühstück 14 Euro

☞ Gästehaus Schlafschön

In dem ehemaligen Schwesternheim in attraktiver Lage in Eimsbüttel liegen 11 großzügige und geschmackvoll eingerichtete Zimmer. Geführt von freundlichen Besitzern, die gleich nebenan wohnen, ist das Gästehaus perfekt für alle, die eine gemütliche Privatunterkunft dem Hotel vorziehen. Bei der Reservierung fragen Sie am besten nach den Zimmern mit Terrasse und Blick zum Park.

Monetastraße 4, Grindel/Rotherbaum, Tel: 0049 (0)40 41354949
Internet: www.schlafschoen.com, Preise: DZ 95 Euro inkl. Frühstück

☞ Schlaflounge

Die Schlaflounge beherbergt fünf puristisch eingerichtete Zimmer in einem gediegenen Jugendstilhaus in einer ruhigen Straße mitten in Eimsbüttel. Morgens können Sie für einen Aufpreis von 10 Euro lecker und gesund frühstücken mit frischen Brötchen, selbst gemachten Marmeladen und Kuchen, Rohmilchkäse und Obstsalat.

Vereinsstraße 54b, Eimsbüttel, Tel: 0049 (0)40 38688357
Email: info@schlaflounge.de, Internet: www.schlaflounge.de
Preise: DZ 89 Euro, Frühstück 10 Euro

VIENNA

Ein Restaurant wie ein kleines gemütliches Wohnzimmer, in dem sich seit vielen Jahren ein Stammpublikum aus Künstlern, Intellektuellen und der Nachbarschaft trifft. Das Vienna ist immer voll und reservieren können Sie hier nicht. Aber an der Bar gleich neben dem Eingang wartet man gerne bei einem Aperitif auf den nächsten frei werdenden Tisch, um dann in gemütlicher Enge von Sven Runges ausgezeichneter Küche belohnt zu werden. Die Gerichte auf der handgeschriebenen Karte sind einfach und raffiniert zugleich, genauso wie die Einrichtung mit bunt gekacheltem Original-Boden aus einem Wiener Kaffeehaus und Bildern von Werner Büttner an den holzgetäfelten Wänden. Problemlos kann der beglückte Gast bei warmem Linsensalat mit gebratener Lyoner-Wurst oder Wildforelle auf Blattspinat in Rieslingsoße den Geschichten vom Nebentisch lauschen und leicht mit interessanten Nachbarn ins Gespräch kommen. Die Tür zur Küche im Mini-Format steht immer offen und ab und zu lugt ein grinsender Koch hervor. Eine einzigartige Stimmung, die nur noch an einem lauen Sommerabend übertroffen werden kann, wenn man herrlich unter freiem Himmel in dem schmalen, zugewachsenen Garten sitzt.

Vienna Adresse: Fettstr. 2, Eimsbüttel Tel: 0049 (0)40 4399182
Internet: www.vienna-hamburg.de Öffnungszeiten: Dienstag – Sonntag
13.00 – 2.00 Uhr, Küche 19.00 – 23.00 Uhr, Montag geschlossen

☞ Labskaus

Labskaus ist ein Jahrhunderte altes Seemann- und Matrosenessen. Der Name kommt angeblich vom Englischen „lob's course", was so viel wie „Essen für harte Kerle" bedeutet. Heute liebt man die deftige Spezialität in Hamburg und ganz Norddeutschland. Frisch zubereitet schmeckt das rosafarbene Püree aus gepökeltem Rindfleisch, Stampfkartoffeln und Roten Beten, das traditionell mit einem Spiegelei bedeckt und mit Gewürzgurken und Matjes serviert wird, einmalig köstlich.

Labskaus mit Rollmops und Spiegelei
4 Personen

Das Fleisch blanchieren und wieder kalt aufsetzen. Aufkochen und mit der gespickten Zwiebel, Nelke und reichlich Pimentkörnern bis zum Garpunkt simmern lassen (das Fleisch ist gar, wenn man mit einer Fleischgabel ohne Widerstand hineinstechen kann und diese problemlos wieder herausziehen kann).

Die Roten Beten mit Salz und Kümmel kochen und pellen. Die Kartoffeln kochen, wenn das Fleisch gar ist, und danach durch die Kartoffelpresse drücken. Die Zwiebelwürfel in der Butter weich dünsten und mit dem grob zerkleinerten Fleisch und einer Roten Bete durch den Fleischwolf drehen. In einem Kochtopf mit den durchgepressten Kartoffeln, ein wenig Kochfond, Essiggurkenaufguss und Rollmopsaufguss unter Rühren erhitzen. Mit Salz, Pfeffer, gemahlenem Piment und Muskat, einer Prise Zucker, einem Esslöffel Senf und Essig abschmecken. Die restlichen 4 Roten Beten mit den angegebenen Zutaten zu einem Salat verarbeiten. Die Eier braten.

Das Labskaus mit dem Spiegelei, den Essiggurken und dem Rollmops anrichten, den Salat gesondert reichen.

800 g Rindfleisch (Ochsenbrust oder Schulter), vom Schlachter gepökelt
800 g geschälte Kartoffeln
1 Zwiebel, gespickt mit Lorbeer und Nelke, Pimentkörner
400 g Zwiebelwürfel
250 g Butter
5 große Rote Beten (davon 1 für das Labskaus, 4 für den Salat)
Salz, Kümmel, 4 Eier
Essiggurken
Essiggurkenaufguss
4 Rollmöpse, Rollmopsaufguss
Salz, Pfeffer, gemahlener Piment, Zucker, geriebener Muskat, Senf, Weißweinessig

4 gekochte Rote Beten, in feine Streifen geschnitten
1 Apfel, geschält und grob gerieben
1 kleine Zwiebel, in kleine Würfel geschnitten
0,1 l Apfelessig
0,05 l Apfelsaft
0,25 l Sonnenblumenöl
Salz, Pfeffer, Zucker, geriebener Muskat, Zitronensaft

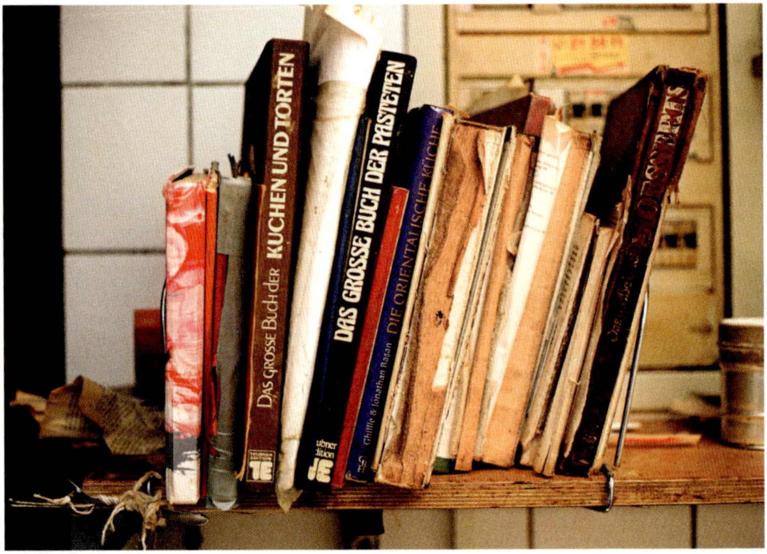
Das grosse Buch der
KUCHEN UND TORTEN
DAS GROSSE BUCH DER PASTETEN
DIE ORIENTALISCHE KÜCHE
Ghillie & Jonathan Basan

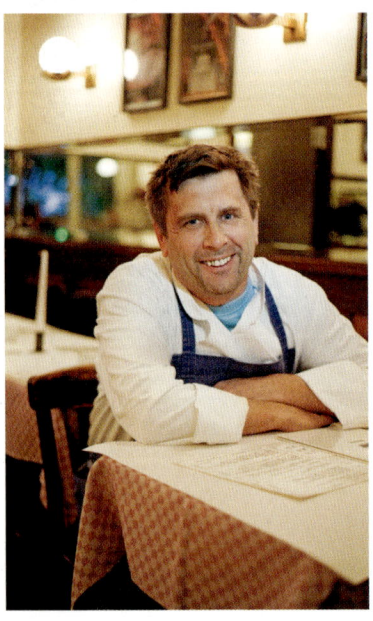

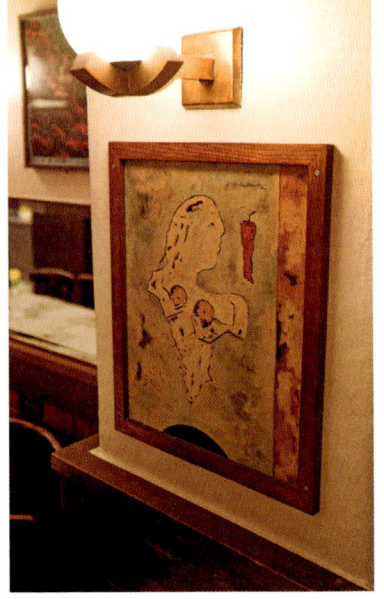

ARTISAN

Am Anfang steht immer der Geschmack, den Thorsten Gillert im Kopf hat und aus dem er die acht Gänge seines wechselnden Menüs in jeder Woche aufs Neue kreiert. Über der Speisenfolge steht ein spezielles Thema, das genauso ungewöhnlich ist wie die verwegene Mischung der einzelnen Produkte und Zutaten selbst. Seine Ideen zu „Sehnsucht nach dem verschneiten Winter", „Volksfest" oder „Amsterdam" trägt der Meisterkoch der ehrlichen Küche höchstpersönlich zum Aperitif vor, und Fantasie und Gaumen sind schon beflügelt, bevor man überhaupt die hervorragend harmonisierenden Kombinationen von Reh und Seezunge mit Limone, Roter Meerbarbe und Schwein mit Curry oder Stilton mit Apfel und Cranberries probiert hat. Vollendet wird das einzigartige Geschmackskarussell vom passenden Wein, der jeden Gang begleitet. Dabei sitzt man auf wunderbar bequemen Stühlen in reduziert gestylter Atmosphäre bei aufmerksamem Service und wundert sich, wie schnell es auf einmal Nacht geworden ist.

Artisan Adresse: Kampstraße 27, Schanzenviertel
Tel: 0049 (0)40 42102915 Email: ahoi@artisan-hamburg.com
Internet: www.artisan-hamburg.com Öffnungszeiten: Dienstag – Samstag
12.00 – 14.30 Uhr (Bude 1), Dienstag – Samstag ab 19.00 Uhr (Restaurant)

Ein Gespräch mit Thorsten Gillert

Inhaber und Küchenchef des Artisan

Wann wussten Sie, dass Sie Koch werden wollen?

Als Kind habe ich mich schon für Essen interessiert und Geld gespart, um Essen zu gehen. Zu meinem 15. Geburtstag habe ich mir einen Kochkurs im Landhaus Scherrer gewünscht. Später, bei einem Praktikum im Le Canard, wusste ich nach dem dritten Tag, was ich will, und als Viehhauser mir die Ausbildungsstelle angeboten hat, habe ich sofort unterschrieben. Seitdem bin ich Koch.

Was bedeutet es für Sie, Koch zu sein?

Koch ist eine ganz befriedigende Arbeit, aber auch ein ernstes Handwerk. Ich habe Demut vor dem Produkt und den Anspruch, daraus was Gutes zu machen. Jedem Produkt möchte ich die Ehre zuteil werden lassen und bei allem Verspielten und Improvisierten muss es handwerklich perfekt sein. Alles andere wäre Verrat an meinem Beruf.

Welche Eigenschaften sollte ein guter Koch besitzen?

Der französische Koch Joël Robuchon hat einmal gesagt: 10% Handwerk, 20% Disziplin, 70% Sauberkeit.

Ihre Karte hat jede Woche ein wechselndes Motto. Wie komponieren Sie Ihre Menüs?

Zuerst gibt es ein aktuelles Thema, zum Beispiel Volksfest. Dann überlege ich mir Bilder und Wörter dazu wie Volksmusik und Blechblasinstrumente und denke an metallischen Geschmack, Gerichte mit Rhythmus, ein Gewürzkarussell mit sieben verschiedenen Gewürzen. Und so weiter ...
Wichtig ist, dass die Gerichte ganz komplex sind und es immer einen Bogen gibt wie bei Quitte und Steckrübe mit Eis. Ganz schlimm sind Variationen.

Gibt es ein Menü zweimal?

Nein, ein komplettes Menü wiederholen wir nicht, aber es kommt schon vor, dass ich einzelne Bausteine aus einem Menü wieder verwende.

Woher beziehen Sie Ihre Produkte?

Gemüse und Grundprodukte kommen vor allem von Gärtnereien und Bauern aus der Umgebung. Schwarzschweine lasse ich zum Beispiel aus Frankreich liefern, aber ich achte darauf, möglichst nur aus Europa zu ordern. Und grundsätzlich immer nur ganze Tiere, um so viel wie möglich verarbeiten zu können.

Womit machen Sie sich selbst an einem freien Abend satt und glücklich?

Mit einfacher bürgerlicher Küche, handwerklich perfekt und auf den Punkt gebracht wie z.B. einer guten Rinderroulade.

☞ Mittags Bude 1

Die ehrliche Küche von Thorsten Gillert bekommt man auch mittags zu schme-cken. Dann heißt das Restaurant Bude 1 und im vorderen Teil werden, wie auf einem Markt, vor den Augen der Gäste herrlich frische Salate zubereitet. Dazu stehen an der Schiefertafel die weiteren Speisen zu lesen: eine Suppe, ein Sandwich, Nudeln, ein Fleischgericht, hausgemachte Bratwürste und ein Nachtisch, die einen allesamt jeden Tag auf's Neue in große Entscheidungs-not bringen. Ein Mittagessen, wie man es sich im perfekten Leben vorstellt und das das treue Stammpublikum aus der Kreativszene sehr zu schätzen weiß.

Kaisergranat und Wachtel mit Quitte
4 Personen

Vorarbeiten:

Von den Wachteln die Keulen und Flügel abtrennen, die Brust mit Salz und Pfeffer würzen und kurz anbraten. Nach dem Abkühlen die Brüste auslösen und beiseite stellen. Die Keulen auslösen und das Fleisch wolfen oder hacken und kalt stellen. Die Kaisergranatschwänze ausbrechen und entdarmen, dann kalt stellen. Die Quitten schälen und Kugeln ausstechen. In etwas Öl anbraten, mit Zucker, Salz und Pfeffer würzen, mit Wasser und Wein ablöschen und knapp garen. Beiseite stellen. Die Perlzwiebeln in heißes Wasser einlegen, dann pellen. In reichlich Salzwasser garen und abschrecken. Beiseite stellen.

Fonds:

Die Kaisergranatschalen mit den Köpfen in etwas Öl anbraten, das grob gewürfelte Suppengrün und die geschälten, grob gewürfelten Schalotten hinzufügen. Das Tomatenmark zugeben und etwas mitbraten und die Gewürze bis auf das Salz hineingeben. Mit ca. 2 l Wasser ablöschen und zum Kochen bringen, dann abschäumen und leicht salzen. Für ca. 45 min. ganz leicht köcheln, dann durch ein Tuch

8 große Kaisergranat-
schwänze
4 kleine Wachteln
6 Quitten
200 g Perlzwiebeln
6 Blätter frischer Lorbeer
2 Vanillestangen
Zucker, Salz, Pfeffer

Für den Kaisergranatfond:
1/4 Bd. Suppengrün
2 Schalotten
1 TL Tomatenmark
Salz, Pfeffer, Nelke
Koriander
Fenchelsaat

Für den Wachtelfond:
1/4 Bd. Suppengrün
2 Schalotten
50 g Champignons
Salz, Pfeffer

Für das Quittengelee:
Reste der Quitten
1 Zitrone
1/2 l Weißwein
Vanille, Lorbeer
Gelierzucker

passieren und kalt stellen. Die Wachtel-knochen mit dem grob gewürfelten Suppengrün, den Schalotten, halbiert und mit Schale, und den Gewürzen mit ca. 2 l Wasser aufsetzen und zum Kochen bringen. Abschäumen und leicht salzen. Für ca. 1,5 Std. köcheln und dann durch ein Tuch passieren und kalt stellen.

Gelee:

Die Quittenreste mit dem Weißwein, der Zitrone und den Gewürzen zum Kochen bringen. Nach ca. 1 Std. durch ein Sieb geben und abmessen. Nach Packungsangabe Gelierzucker beifügen und ein Gelee kochen. In ein Glas abfüllen und kalt stellen.

Für die Consommé:

1/2 l Kaisergranatfond
1/2 l Wachtelfond
1 Zitrone
0,1 l Noilly Prat
1/2 Bd. Suppengrün
4 Schalotten
2 Eiweiß
Fleisch der Wachtelkeulen, gewolft
Lorbeer, Vanille, Salz, Pfeffer, Knoblauch

Und dann noch in kleinen Mengen: Wasser, Weißwein, Öl, Butter, Salz, Zucker, Pfeffer

Consommé:

Das restliche Suppengrün und die Schalotten klein würfeln und mit dem Eiweiß und dem Wachtelkeulenfleisch verrühren. Gewürze zugeben. Von den erkalteten Brühen jeweils 1 l zufügen. Gut durchrühren und 1–2 Std. stehen lassen. Dann zum Kochen bringen. Darauf achten, dass nichts anbrennt. Es bildet sich ein fester Schaum auf der Oberfläche, die Flüssigkeit darunter ist glasklar. Die Brühe vorsichtig durch ein Sieb passieren und in einen sauberen Topf geben. Nochmals mit Salz und Pfeffer abschmecken.

Pro Person ein Weckglas bereitstellen. Hinein kommen 2 Wachtelbrüste, 2 Kaisergranatschwänze, die vorher leicht gesalzen werden, einige Perlzwiebeln und einige Quittenkugeln. Dann 1/2 Stange Vanille und ein frisches Lorbeerblatt und etwa 1/4 l heiße Consommé. Das Glas wird verschlossen und im Ofen bei 120° C im Wasserbad für 10 Min. erhitzt. Das Gericht kann im Glas serviert oder aber in einen Teller umgefüllt werden.

FILLET OF SOUL

Genau wie die internationale Kunst, die gleich nebenan in den Deichtorhallen hängt, versprüht das Fillet of Soul mondänes Flair. Hinter durchsichtigen Scheiben sitzen Geschäftsleute aus dem Viertel, Feinschmecker von überall, Kunstliebhaber und Touristen an schlichten Holztischen unter Ufo-großen Lampen mit Blick auf die offene Küche und genießen die herrlich unaufgeregte Atmosphäre des Restaurants. Auf formelle Kochjacken wird hier gerne verzichtet und die Gäste werden freundlich mit „Du" begrüßt – Keep it simple! Das Konzept der beiden Betreiber und Köche Florian Pabst und Patrick Gebhard, mit dem sie im Frühjahr 2005 den Zuschlag für ihr Restaurant gewonnen haben, ist aufgegangen. Mittags werden sieben wechselnde Gerichte angeboten, frisch, lecker und nicht über 12 Euro. Und auf dem Tresen warten schon die wunderbaren hausgemachten Kuchen, die zu einem guten Espresso so perfekt passen. Doch zu seiner vollen Größe findet das Fillet of Soul erst am Abend, wenn Sie auf der Kreidetafel lesen können, was die Betreiber aus der saisonalen Marktküche jeden Tag aufs Neue kreieren. Oder besser: Sie wählen das 3- oder 4-gängige Überraschungsmenü. Und wenn Sie dann rundum zufrieden nach Hause gehen, können Sie noch selbst gemachte Marmeladen und Chutneys oder die legendäre Currywurstsoße mitnehmen, um sich zuhause an den schönen Besuch im Fillet of Soul zu erinnern.

Fillet of Soul Adresse: Deichtorstr. 2, HafenCity
Tel: 0049 (0)40 70705800 Email: info@fillet-of-soul.de
Internet: www.fillet-of-soul.de Öffnungszeiten: Dienstag – Samstag 11.00 –
24.00 Uhr, Sonntag bis 18.00 Uhr, Mittagstisch 12.00 – 15.00 Uhr,
Abendkarte 18.00 – 22.00 Uhr, Montag geschlossen

Hauptgänge

gebratene Dorade auf
Kürbisrisotto, Serrano
Amarettini Maronen 21,-
Rotbarsch unter der
Miskruste mit
Rotweinzwiebeln
Pinienkern-Krapfen 21,50

- Entenbrust auf
Kartoffel-Pfifferlings-
Gulasch, gerösteter 21,-
Paprika & Orangenchutney
- geschmorte Ochsenbacke
auf Vanillesteckrüben,
Estragonsalat und
frischem Meerrettich 22,-

Ein Gespräch mit Florian Pabst

Einer der beiden Besitzer des Fillet of Soul

Was steht hinter Fillet of Soul?

Beim Namen haben wir uns von der Bar aus dem James Bond Klassiker „Leben und sterben lassen" inspirieren lassen, sie hieß nämlich genau so. Der Rest ist ganz einfach: Filet ist das beste Stück vom Fleisch, und Essen und Trinken trägt zum Wohl der Seele bei.

Wie entwickeln Sie ihre Rezepte?

Oft sehr spontan. Wir versuchen immer den Zeitpunkt abzupassen, zu dem die Produkte gut und bezahlbar sind. Unser Gemüsehändler ruft um 15 Uhr an, dass er gute Steinpilze bekommen hat, um 18 Uhr sind sie dann hier und wenig später in der Pfanne und auf dem Teller des Gastes. Oder der Fleischhändler bringt überraschend ein tolles Stück Fleisch mit, das wir dann spontan auf die Abendkarte nehmen.

Gibt es ein Produkt oder eine Zutat, mit der Sie im Moment gerne in der Küche arbeiten?

Gerade habe ich die Steckrübe wiederentdeckt. Mich reizen Produkte, die mit Vorurteilen behaftet sind oder einen negativen Beigeschmack haben.

Was essen Sie am liebsten auf Ihrer eigenen Karte?

Die Currywurst der ersten Generation mit unserer hausgemachten Currysoße und den dicken Pommes. Ein Klassiker, der immer auf der Karte steht. Ich bin für das Einfache ohne viel Gedöhns, aber lecker muss es sein.

Fillet of Soul
closed on mondays

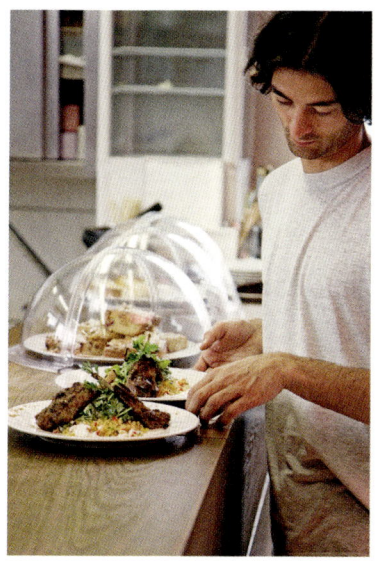

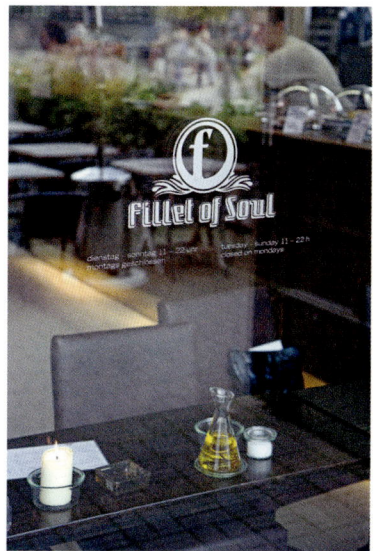

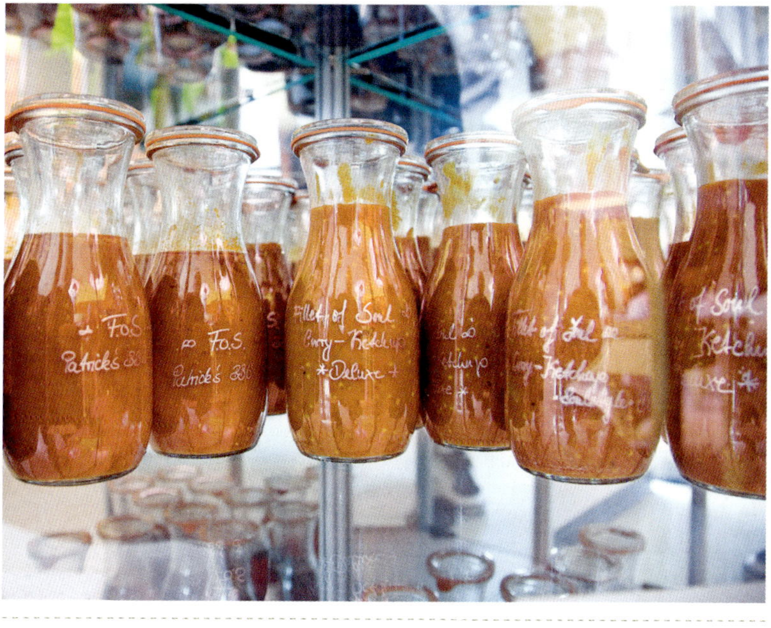
Fillet of Soul
Curry-Ketchup
Deluxe

Gebratenes Seelachsfilet mit grüner Erbsencreme, neuen Kartoffeln und frischem Sauerampfer

4 Personen

Die Kartoffeln waschen und mit Schale ca. 15–20 min. kochen lassen. Dann abgießen, auskühlen lassen und pellen. Beiseite stellen.
Die Erbsen in ungesalzenem Wasser ca. 8 min. kochen lassen und abgießen. Die noch heißen Erbsen mit einem Mixer zu einem feinen Püree mixen. Die Butter in einer kleinen Pfanne leicht braun werden lassen und unter das Erbsenpüree mixen. Dann mit Salz, Pfeffer und Muskat abschmecken. Den Sauerampfer vorsichtig waschen, abtropfen und in feine Streifen schneiden. Beiseite stellen.
Den Fisch auf der Hautseite mit Mehl panieren und in der Pfanne mit Olivenöl auf der Hautseite ca. 4 min. anbraten. Den Fisch wenden, ein wenig Butter dazugeben und den Fisch immer wieder mit der gelösten Butter begießen, während dieser weiter brät. Nach weiteren 4 min. herausnehmen. Die gepellten Kartoffeln mit etwas Butter und Brühe wieder erhitzen und den Fond reduzieren lassen, bis er Bindung erhält. Erbsenpüree noch einmal kurz erhitzen.

4 St. Seelachsfilet
600 g Markerbsen
100 g Butter
300 g neue Kartoffeln
1 Bd. Sauerampfer
Salz, Pfeffer, Muskat
etwas Mehl
Olivenöl
Brühe

Tipps zum Anrichten:
Erbsenpüree mittig auf dem Teller, die Kartoffeln darum anrichten. Den Fisch auf das Püree setzen und den Sauerampfer locker darüber verteilen. Mit einem Spritzer gutem Olivenöl abrunden.

FLEETSCHLÖSSCHEN

An der Spitze der Speicherstadt, direkt an einem der kleinen Elbkanäle, thront erhaben das kleine Fleetschlösschen. Es ist ein architektonisches Kleinod aus rotem Ziegel. Gebaut wurde es schon 1885 als Zollgebäude und stand damals noch allein auf weiter Flur. Später war es mal Brandwache, mal Toilettenhäuschen. Welche Funktion es genau hatte, als Kaiser Wilhelm II. bei der Eröffnung der Speicherstadt zum Fleetschlösschen kam, ist nicht bekannt. Auf jeden Fall war er einer der prominenten Gäste und es folgtem ihm später die Bürgermeister der Stadt Hamburg, Udo Lindenberg und viele andere.

Ein ganz besonderer Ort ist das Fleetschlösschen aber erst, seit Christian Oehler es im April 2004 übernommen und liebevoll eingerichtet hat. Es gibt wohl kaum einen charmanteren Ort für ein Frühstück oder den Nachmittagskaffee, wenn das warme Sonnenlicht über die Dächer der Lagerhäuser streicht und durch die kleinen Fenster lange Schatten auf die wenigen groben Holztische wirft. Mittags gibt es viele Stammgäste, die die bunte Küche vom leichten Wrap bis zum kräftigen Eintopf zu schätzen wissen. Abwechslung ist hier eben Konzept.

Wer noch nicht genug des Besonderen hatte, der kann hier einen Gelben Tee bestellen, den die iranischen Teppichhändler aus der Speicherstadt mitbringen und in dem die roten Safranfäden schwimmen wie Korallen.

Fleetschlösschen Adresse: Brooktorkai 17, Speicherstadt
Tel: 0049 (0)40 30393210 Email: info@fleetschloesschen.de
Internet: www.fleetschloesschen.de Öffnungszeiten: Montag – Freitag
10.00 – 18.00 Uhr, Samstag und Sonntag 11.00 – 18.00 Uhr

...er
...käse oder
...nken 4,90 €

...unfisch oder
Mozarella oder
Pute oder
Fetakäse oder
Schinken 4,80 €

Chili
con Carne
5,60 €

...h-Senf-Souce
6,80 €

...eme mit Reis
und Salat 6,80 €

Spinat-Ricotta-
Tortellini mit
Gorgonzola-Souce und
Parmesan
5,90 €

Tomaten-Mozarella
Ravioli mit
Basilikumpesto und
Parmesan
5,90 €

Fleisch-Tortellini
Arrabiata mit
Parmesan
5,90 €

...ikadelle mit
...artoffelsalat
3,90 €

Linsensuppe
mit
Würstchen
3,60 €

Kartoffelsuppe
mit
Würstchen
3,60 €

☞ Die neue Oberhafenkantine

Ein wahrer Geheimtipp: Der Weg ganz abenteuerlich über Brücken und Bau-
stellen mitten durch die HafenCity. Versteckt unter der Eisenbahnbrücke
steht dann fast verlassen das von Fritz Höger erbaute und unter Denkmalschutz stehende schiefe Haus, das Thorsten Gillert seit Juni 2008 im Sinne
der einstigen Betreiberinnen führt. Hier treffen sich Hafenarbeiter und Szene-
leute zu einfachem, ehrlichen Essen wie Frikadelle, Kartoffelsalat oder Mat-
jesbrötchen. Besonders zu empfehlen sind auch das Hamburger Rundstück,
Schweinebraten im Brötchen mit Bratensoße – ein typisches Arme-Leute-
Essen oder der Hamburger Hamburger mit Dillgurke. Den schönen Raum in
der ersten Etage kann man auch mieten.

Adresse: Oberhafenkantine, Stockmeyerstr. 39, HafenCity, kein Telefon
Email: info@oberhafenkantine-hamburg.de
Internet: www.oberhafenkantine-hamburg.de
Öffnungszeiten:
Sommer: täglich 12.00 – 21.00 Uhr,
Winter: Dienstag – Samstag 12.00 – 21.00 Uhr

Petit Café'

PETIT CAFÉ

Am Wochenende gehen die Schlangen der Kuchensüchtigen bis auf die Straße hinaus, denn im Petit Café gibt es den besten Obst-Streuselkuchen der Stadt. Die ofenwarmen Bleche reihen sich auf der Theke neben der altmodischen Kasse zu einem großen farbigen Früchte-Teppich aneinander. Ist ein Blech leer, gibt es sofort dampfenden Nachschub. Seit 26 Jahren gehören die frischen hausgemachten Blechkuchen von Frau Stiller zu Eppendorf wie Klosterstern und Isemarkt. Die Kuchen sind inzwischen eine Legende, genauso wie der Milchkaffee, der hier schon serviert wurde, als es anderswo noch „Draußen nur Kännchen" hieß. Die verwinkelten charmanten Räume im Souterrain und das aus antiken Möbeln stilvoll zusammengewürfelte Interieur schaffen eine heimelige norddeutsche Atmosphäre, die an den Besuch bei der Großmutter oder der Lieblingstante erinnert. Hat man einen Platz in der gemütlichen Stube gefunden, stellt sich nur noch die Frage: Was nehmen? Himbeere, Erdbeere, Pflaume, Rhabarber, Kirsche, Apfel …
Im Sommer können Sie auch wunderbar draußen sitzen und bei einem erstklassigen Stück vom Blech das Eppendorfer Treiben beobachten.

Petit Café Adresse: Hegestr. 29, Eppendorf
Tel: 0049 (0)40 4605776 Öffnungszeiten: Montag – Freitag 9.30 – 19.00 Uhr,
Samstag und Sonntag 10.00 – 19.00 Uhr

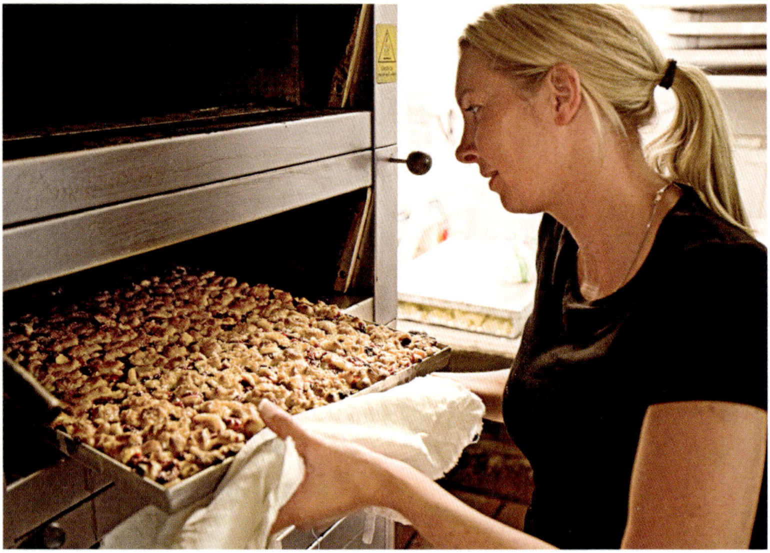

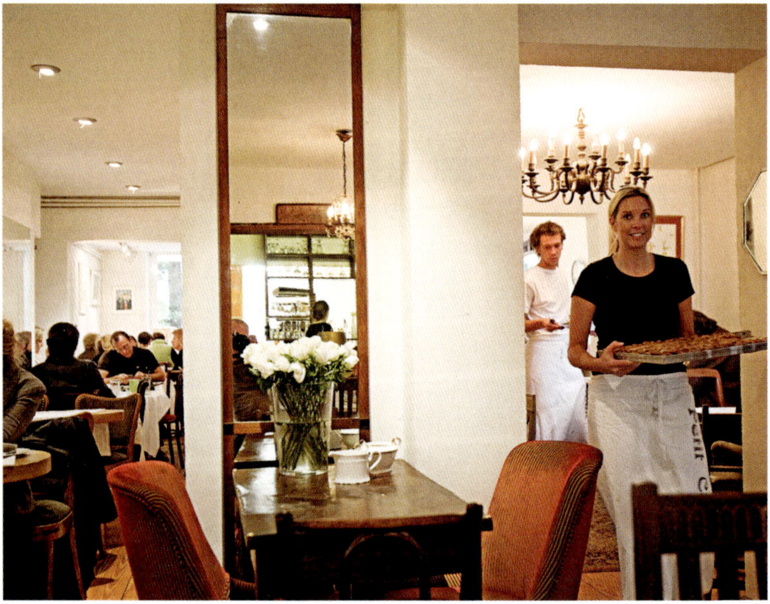

☞ Literaturhauscafé

Das Literaturhauscafé ist ein echtes Kaffeehaus, mitten in Hamburg. Wunderschön sitzt es sich in den prächtigen, stuckverzierten Sälen der weißen Villa in bester Lage an der Außenalster. Die Zeitungsauswahl ist groß, so dass einem ausgedehnten Sonntagsfrühstück nichts mehr im Wege steht. Am Wochenende sollte man besser vorher reservieren. Im gleichen Haus befindet sich der Literaturverein und die gut sortierte Buchhandlung Samtleben, wo man sich nach einem Alsterspaziergang zum Schmökern in den kleinen Wintergarten zurückziehen kann und dazu einen Cappuccino an der Bar bestellt.

Adresse: Schwanenwik 38, Uhlenhorst, Tel: 0049 (0)40 2201300
Email: mail@literaturhauscafe.de, Internet: www.literaturhauscafe.de
Öffnungszeiten: Montag – Freitag 9.00 – 24.00 Uhr
Samstag und Sonntag 10.00 – 24.00 Uhr

☞ Café Lühmann's

Lühmanns stillt die Sehnsucht nach den alten gemütlichen Cafés mit einer dampfenden Teekanne, klirrendem Kandis und gedecktem Apfelkuchen. Das friesische antike Interieur, die vielen Zimmer, die sich in dem historischen Landhaus aneinander reihen, plaudernde Damen vor ihren Scones mit Clotted cream – alles passt perfekt zusammen. Mittendrin stehen auf einem langen Tisch ganz malerisch unzählige, frisch gebackene Kuchen, die nicht nur köstlich aussehen, sondern auch wie bei Oma schmecken! Doch Lühmanns ist auch bekannt für sein gutes Frühstück, wahlweise salzig mit Nordseekrabben und Lachs oder süß mit hausgemachter Marmelade und gutem Honig.

Adresse: Blankeneser Hauptstraße 157, Blankenese, Tel: 0049 (0)40 863442, Internet: www.luehmanns-teestube.de, Öffnungszeiten: Montag – Freitag 9.00 – 23.00 Uhr, Samstag 9.00 – 18.00, Sonntag 10.00 – 23.00 Uhr

STRANDPERLE

Wer bei seinem Hamburg-Besuch nicht in der Strandperle war, ist nicht in Hamburg gewesen. Um sie zu erreichen, kann man entweder von der Straße kommend die lange, schön gelegene Treppe am Schulberg hinabsteigen oder aber den schmalen Pfad zwischen alten Landhäuschen und sandigen Hügeln am Elbufer entlang spazieren. Wie eine kleine Perle liegt der charmante Kiosk dann direkt am Strand vor der traumhaften Kulisse schicker Elbvillen. Seit das Ehepaar Seyfert in den 70er Jahren begonnen hat, die Strandperle zu betreiben, pilgern die Hamburger bei schönem Wetter hierher, um die Zehen in den Sand zu stecken und bei einem kühlen Astra den vorbeiziehenden Containerschiffen nachzublicken, bis die Sonne untergeht. Die Tradition der Strandperle wird seit 2007 von den beiden Övelgönnern Jule Tötzke und Hannes Nöllenheidt behutsam weitergeführt, die darauf aufpassen, dass das heilige Gut nicht verbeachclubt wird. So können wir sicher sein, dass die Musik der Strandperle auch weiterhin die Elbe bleibt, das Rauschen, Tuten und ab und zu ein krachender Container.

Strandperlenklassiker: Pommes in einer braunen Spitzenpapiertüte und ein kühles Astra

---

Strandperle Adresse: Am Schulberg, Övelgönne Tel: 0049 (0)40 8801112
Öffnungszeiten: täglich 11.00 Uhr – 23.00 Uhr (von Ostern bis Ende Oktober)
Anfahrt mit öffentlichen Linienschiffen ab Landungsbrücken
bis Övelgönne und dann weiter zu Fuß

-67-

BAR HAMBURG

Von draußen deutet nur das kleine Ankerlogo darauf hin, dass sich hinter dem schmalen Eckhauseingang in unmittelbarer Alsternähe in St. Georg die Bar Hamburg befindet. Innen überraschen modernes minimalistisches Interieur und trotz der großzügigen Räume eine gemütlich loungige Atmosphäre. Vor zehn Jahren vor Anker gegangen, ist sie heute der Klassiker unter den Cocktailbars in Hamburg. Jeden Abend ab neun füllt sich die Bar mit einer interessanten Mischung aus Stammpublikum von den umliegenden Stadtteilen, Hotelgästen vom Atlantic oder Besuchern des Schauspielhauses.

Ein Blick in die umfangreiche Cocktailkarte verrät, dass hier wahre Profis am Werk sind. Mit einem Stern gekennzeichnete „Bar Hamburg only"-Kreationen mischen sich unter die berühmten Cocktail-Klassiker, neben einem ausgewählten Sortiment an Gin, Whisky und über 80 Sorten Wodka, die selbst importiert oder von Freunden mitgebracht werden. Um Ihnen die Entscheidung leicht zu machen, wenden Sie sich am besten gleich vertrauensvoll an den Barmann Marek, der hier von der ersten Stunde an hinter dem eleganten Tresen steht. Wenn Sie es sich erst einmal in einem der riesigen braunen Ledersessel bequem gemacht haben und zufrieden an Ihrem Drink nippen, ist die Gefahr groß, dass Sie nie wieder aufstehen möchten.

Bar Hamburg Adresse: Rautenbergstr. 6-8, St. Georg
Tel: 0049 (0)40 28054880 Email: ahoi@barhamburg.com
Internet: www.barhamburg.com Öffnungszeiten: täglich ab 19.00 Uhr

CIGARS

BAR HAMBURG

☞ Im Sommer auf dem Bootssteg

A.Mora (Mora = Erholung, Pause) ist die Sommerlocation der Bar Hamburg, ein Bootssteg auf der Aussenalster, direkt vor dem Atlantic Hotel. Hier kann man bei gutem Wetter die Beine im Wasser baumeln lassen, oder in Holzliegestühlen sitzen und problemlos die weißen Segelboote auf der Alster bestaunen bis die Sonne untergeht... Für die kleine Stärkung zwischendurch sorgt ein gesundes Frühstück, Luxus-Hamburger vom Bio-Rind, hausgemachte Fischstäbchen oder selbst gebackener Kuchen. Ab Nachmittags legen dann DJs auf und der Steg verwandelt sich langsam in eine Openair-Bar.

Adresse: An der Alster (Atlantic-Steg), St. Georg
Email: ahoi@a-mora.com, Internet: www.a-mora.com
Öffnungszeiten: April – Oktober täglich 10.00 Uhr bis nachts

MUTTERLAND

Wenn man den großen schönen Eckladen mit den hohen Fenstern betritt, stellt sich sofort das Gefühl ein, man sei bei Dean & Deluca in New York. Auf dem langen, weiß gekachelten Tresen türmen sich selbst gebackene Kekse mit von Hand glasierten Ankern neben köstlichen Broten und Kuchen, in der langen Regalwand aus meterhohen Holzkisten reihen sich außergewöhnliche Delikatessen aneinander. Der feine Unterschied ist nur: hier holt man nicht die Welt nach Hause, sondern konzentriert sich auf die guten Dinge „made in Germany". Zwei Jahre lang hat der enthusiastische Betreiber Jan Schawe echte Lieblingsprodukte aus über 70 kleinen Manufakturen und Handwerksbetrieben für seine hanseatische Wunderkammer zusammengetragen. Von handgepflückten Tees, heimischen Marmeladen und Honigen, handgeschöpften Schokoladen bis hin zu alten Leinengeschirrtüchern mit Initialen. Dazu gibt es in der Kühlvitrine gesunde Pausenbrote, Salate, Königsberger Klopse und Vanillepudding. Ein überraschend gutes Konzept, das vom feinen Logo bis zu jedem einzelnen der Produkte rundum überzeugt. Die zentrale Lage in der Nähe des Hauptbahnhofs und die langen Öffnungszeiten sind perfekt, um vor der Abreise auch noch die Daheimgebliebenen mit einer besonderen hanseatischen Köstlichkeit zu überraschen – liebevoll in einer Geschenktüte verpackt und mit einem passenden Spruch altmodisch zusammengenäht.

Mutterland Adresse: Ernst-Merck-Str. 9, Ecke Kirchenallee, St. Georg
Tel: 0049 (0)40 28407978 Internet: www.mutterland.de
Öffnungszeiten: Montag – Samstag 8.00 – 21.00 Uhr, Sonntag 10.00 – 18.00 Uhr

Ein Gespräch mit Jan Schawe
Inhaber von Mutterland

Was war die Idee Mutterland zu eröffnen?
Ich wollte einen modernen Tante-Emma-Laden für junge Leute schaffen und zeigen, was für tolle Produkte aus der Region und aus Deutschland kommen. Wenn Frau Merkel einen Gruß aus Deutschland sendet, dann soll sie dabei an Mutterland denken.

Wonach wählen Sie Ihre Produkte und Hersteller aus?
Die Produkte müssen aus traditioneller Herstellung kommen, am liebsten aus der Region oder aus Deutschland, ökologisch und in ihrer Art speziell sein. Wo wir nichts finden können, was unseren Qualitätsanspruch erfüllt, machen wir es selbst, wie z.B. eine eigene Pastasorte, die wir in einer kleinen Manufaktur in Bayern produzieren lassen.

Gibt es eigene Produktentwicklungen?
Unter unserer Eigenmarke „Mutterland" bieten wir ausgewählte Marmeladen, Tees und Kaffees mit Bio-Siegel an. In Zukunft wollen wir auch Produkte mit den Manufakturen zusammen weiterentwickeln.

Und was ist das perfekte kulinarische Mitbringsel für Hamburg-Besucher?
Unsere selbst gebackenen Figurenkekse mit hanseatischen Motiven.

☞ Lieblingsprodukte bei Mutterland

Marmeladen:
Slowfood-Marmeladen aus Neumünster (die besten: Erdbeere mit weißer Schokolade, Erdbeere-Rhabarber, Milch Confit)

Kaffee:
Espresso von Mutterland, ein 100% Arabica Kaffee, der nach einem traditionellen Verfahren von 1834 geröstet wird.

Kuchen:
Der Kalte Hund wird hier in verschiedenen Varianten angeboten: Klassik, mit Chili oder aus Weißer Schokolade.

Ketchup:
Körri Saft ist ein Renner bei Mutterland, eine Currysoße vom FC St. Pauli in einer herrlichen Verpackung.

Tee:
„Hafen Tee" oder „Tee der Entspannung", handgepflückte Premium Tees von Mutterland.

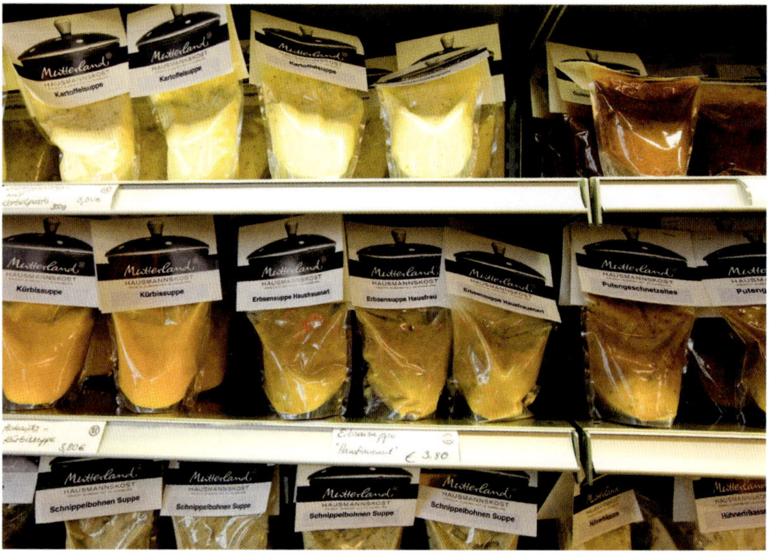
Mutterland
HAUSMANNSKOST
Kartoffelsuppe
Kürbissuppe
Erbsensuppe Hausfrauenart
Putengeschnetzeltes
Schnippelbohnen Suppe

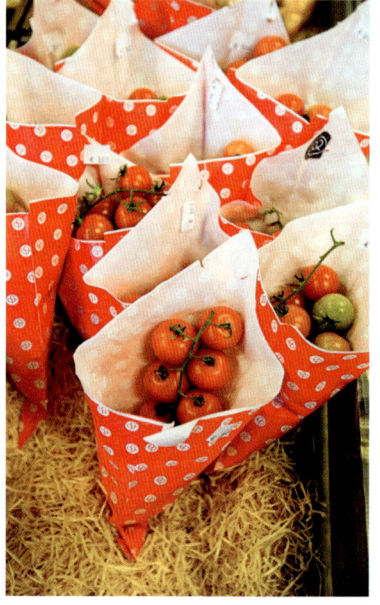

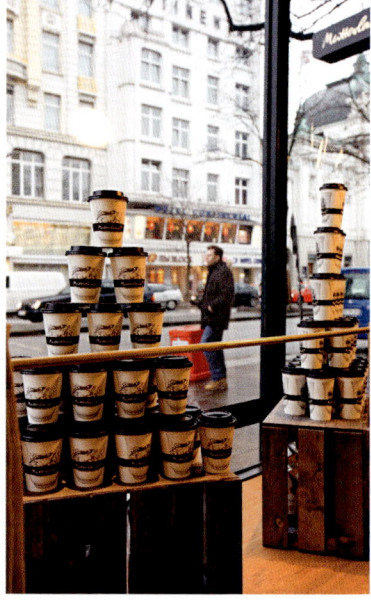

Mutterland

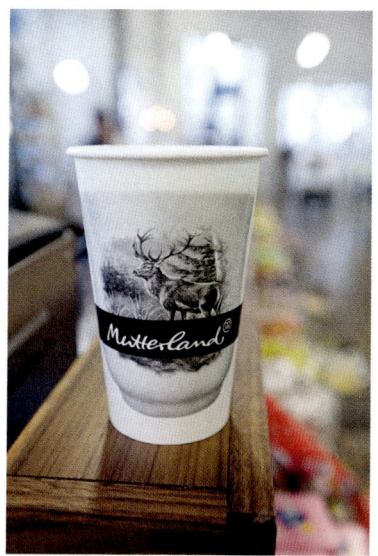

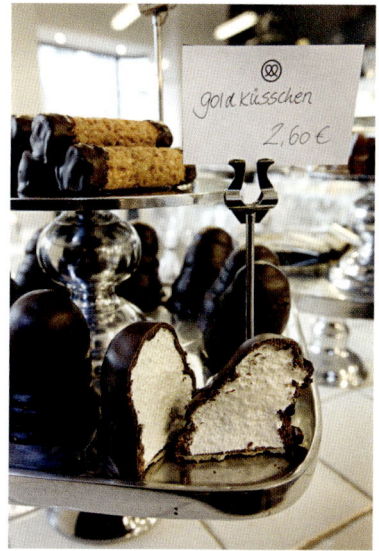

goldküsschen
2,60 €

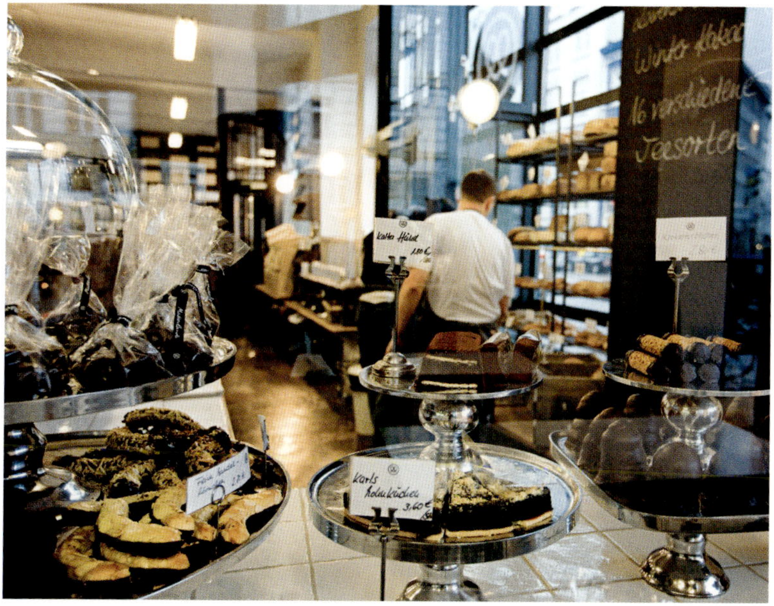
Winter Kakao
16 verschiedene
Teesorten
Karls
3,60 €

SMART
TRAVELLING

Hamburg ist groß, darum ist dieser Infoteil so klein. Hier erfahren Sie nicht alles und jedes, sondern genau das, was Sie für ein perfektes Wochenende brauchen. Wenige, aber genau die richtigen Informationen: Wissenswertes über die Hamburger Lebensart, eine kleine subjektive Auswahl an Sehenswürdigkeiten, Spaziergängen und Tipps für Unternehmungen am Sonntag. Dazu einen Stadtplan mit all unseren Lieblingsadressen, damit Sie nicht lange suchen müssen, sondern gleich anfangen können Hamburg zu genießen.

DER HAMBURGER
HANSEATISCH FEIN ODER DERB?

In Hamburg gibt es zwei große Fußballvereine, zwei große Gewässer, zwei lokale Biere, zwei Tageszeitungen. Und so trennen sich die Hamburger dann eben auch in zwei Arten von Menschen. Der eine spaziert bei Sonnenschein um die Alster, besucht Musikhalle und Opernhaus, liest das Abendblatt, sympathisiert mit dem Hamburger Sportverein, näselt hanseatisch und stolpert beim Sprechen ‚übern spitzen Stein'. Der andere steht in der Fankurve des St. Pauli Stadions am Millerntor, trinkt Astra aus der Flasche, rutscht gelegentlich ins „Hamburger Platt", liest die Mopo (Morgenpost) und ist auch bei schlechtem Wetter an der Elbe unterwegs. Stadtteile ‚fein': Eppendorf, Uhlenhorst, Blankenese, Nienstedten. Stadtteile ‚derb': St. Pauli, Altona, Ottensen, St. Georg.

Aber in einem sind sich alle Hamburger einig: Hamburg ist die schönste, grünste und toleranteste Stadt der Welt ...

HAMBURGER SCHIETWETTER

„In Hamburg ist gutes Wetter, wenn es vertikal regnet" ist ein Spruch, aber so schlimm ist das gar nicht. Im Vergleich mit anderen deutschen Städten liegt Hamburg mit 733 mm Niederschlag/Jahr exakt im Bundesdurchschnitt. In München (967 mm), Freiburg (930 mm) oder Köln (767 mm) regnet es mehr. Der Begriff „schiet" ist plattdeutsch und hat viele Bedeutungen. Er steht bei Maurern für Mörtel, aber umgangssprachlich auch für alles Dreckige und Unangenehme.

Aktuelle Wetterdaten mit Webcam über der Außenalster:
www.alsterwetter.de

HAMBURG – DIE STADT AM STROM

Wer glaubt, Venedig oder gar Amsterdam seien die Städte mit den meisten Brücken in Europa, liegt falsch. Hamburg führt mit 2500 Brücken die Liste an. Die schönsten Brücken findet man in der Speicherstadt und an den Alsterläufen. Die imposanteste Brücke ist seit 1974 die

Köhlbrandbrücke. Sie überbrückt 325 m und verbindet die Gebiete zwischen Norder- und Süderelbe mit der Autobahn A7; damit ist sie eine wichtige Achse für den Fernlastverkehr in den Hamburger Hafen. Den besten Blick über die Außenalster hat man von der Krugkoppelbrücke im Norden oder von der Lombardsbrücke im Süden.

Der Hamburger Hafen gehört zu den neun größten Containerhäfen der Welt, er ist der größte Hafen Deutschlands und gilt als ‚Seehafen‘, obwohl er mehr als 100 km entfernt vom Meer liegt. Um den Hafen anzuschauen, gibt es drei Möglichkeiten: zu Land, zu Wasser oder aus der Luft.

Bustour durch den Hamburger Hafen

„Auge in Auge mit den Giganten" heißt die etwas andere Hafenrundfahrt. Von der Landseite bieten sich ganz ungewöhnliche Einblicke in die Struktur und Logistik des Seehafens, die sonst nur Fachbesuchern vorbehalten sind. Außerdem gibt es einen Abriss über die Geschichte des Hafens. Die Fahrt dauert etwa 3 Stunden und eine Reservierung im Voraus ist erforderlich.

Abfahrt Haltestelle Vorsetzen
(bei der Überseebrücke)
Samstag 9.30 Uhr und 13.30 Uhr,
Sonntag 13.30 Uhr
Außerdem von April bis Oktober
jeden Mittwoch und Freitag 16.00
Uhr und Sonntag 9.30 Uhr

Friedrich Jasper Rund- und Gesellschaftsfahrten GmbH
Tel: 0049 (0)40 22710610
www.jasper-hamburg.de

Große Hafenrundfahrt mit Käpt'n Prüsse

Die Hafenrundfahrt führt durch die alte Speicherstadt (tideabhängig) und die neue HafenCity zum Container Terminal Altenwerder, durch den Waltershofer Hafen mit seinen Ozeanriesen wieder auf die Elbe, vorbei an Övelgönne und der ‚Perlenkette

Hamburgs', zurück zu den Landungsbrücken. Die Hafenrundfahrt dauert 1,5 Stunden.

Kapitän Heinrich Prüsse, Landungsbrücken. Buchung: 0049 (0)40 313130
www.kapitaen-pruesse.de

Preiswerter geht's mit öffentlichen Verkehrsmitteln, den Hafenfähren (HADAG) im Hamburger Verkehrsverbund (HVV). Tageskarte HVV (ab 9 Uhr) für alle Busse, Bahnen und Wasserwege 5,10 Euro, Gruppentageskarte bis 5 Personen 8,60 Euro.

HAMBURGERISCH

Den ganzen Tag: Moin, moin.

Der einfache Ausruf „Moin, moin" hat nichts mit der Tageszeit zu tun, „Moin, moin" funktioniert morgens, mittags, abends und sogar nachts. Moin, moin (= gut, gut!) geht immer. Vernimmt man diese Begrüßungsformel, kann man sicher sein, der sprechende Mensch ist einem wohl gesonnen. Der Hamburger „schnackt" nämlich nicht einfach so drauflos, er wahrt einen gesunden Abstand zu jedem Zugereisten und kiekt sich das erstmal an. Mehr Plattdeutsch ist dann auch bei den meisten Hamburgern nicht zu holen. Wer richtiges Plattdütsch hören möchte, besucht am besten die traditionelle Volksbühne, das Ohnsorgtheater.

Ohnsorg-Theater GmbH
Große Bleichen 23-25, Neustadt
Theaterkasse: 0049 (0)40 35080321
www.ohnsorg.de

Hamburger Platt:

bannig	sehr, viel
Buttje	junger Mann
daddeln	spielen
das ischa gediegen	das ist seltsam!
Deern	Mädchen/junge Frau
Döntjes	lustige Anekdoten
Drömel	Schlafmütze, Träumer
duhn	betrunken
Fofftein	kleine Pause
Höker	Händler, Krämer
Moin, moin	Begrüßung, gut
Mors	Hintern
Kiez	Reeperbahn/St. Pauli
Köksch	Köchin
krüsch	verwöhnt, wählerisch
Plünn(en)	Sachen, Kleidung
Quiddje	Zugereister
schnacken	quatschen, reden
schnoopen	naschen
spiddelig	dünn, mager
Udel/Udl	Polizist
vigeliensch	kompliziert

Deichtorhallen und Haus der Photographie

Direkt am Hafen und in der Nähe des Hauptbahnhofs gelegen, bieten die beiden ehemaligen Markthallen ein vielfältiges Programm mit wechselnden Ausstellungen aus den Gebieten zeitgenössischer Kunst, Photographie und Design auf internationalem Niveau. Die Sammlung F.C. Gundlach und das Spiegel-Archiv im Haus der Photographie gehören zu den wichtigsten Fotokollektionen Europas. Zudem ist hier eine sehr gut sortierte Buchhandlung untergebracht mit einer umfangreichen Auswahl an Bildbänden, Fachliteratur und Zeitschriften rund um das Thema Photographie.

Deichtorstraße 1-2, HafenCity
Tel: 0049 (0)40 321030
www.deichtorhallen.de
Dienstag – Sonntag 11.00 – 18.00 Uhr,
Montag geschlossen

Hamburger Kunsthalle

Die Hamburger Kunsthalle ist eines der wenigen Museen, in denen Kunst vom Mittelalter bis in die unmittelbare Gegenwart erlebt werden kann. Über drei ineinander geschobene Gebäude von 1869, 1919 und 1997 kann man Alte Meister, Romantiker und Vertreter der klassischen Moderne entdecken. In der 1997 eröffneten Galerie der Gegenwart, einem riesigen weißen Kubus, befinden sich Pop Art, Fluxus, Nouveaux Réalistes und Arbeiten der bedeutendsten Künstler seit den 60er Jahren, wie Richard Serra, Andy Warhol, Gerhard Richter, Sigmar Polke, Wolfgang Tillmans oder Bruce Nauman.

Glockengießerwall, St. Georg
Tel: 0049 (0)40 428131200
www.hamburger-kunsthalle.de
Dienstag – Sonntag 10.00 – 18.00 Uhr,
Donnerstag bis 21.00 Uhr,
Montag geschlossen

Museum für Kunst und Gewerbe Hamburg

Museum für Kunst und Gewerbe

An der südöstlichen Seite des Hauptbahnhofes liegt das Museum für Kunst und Gewerbe. Es ist eine Hamburger Institution, die immer wieder mit ungewöhnlichen und sehr engagierten Sonderausstellungen überrascht. Aber auch die Sammlungen des Museums sind unbedingt einen Besuch wert. Als führendes Zentrum für Kunst, Kunsthandwerk und Design reichen die hochkarätigen europäischen, nah- und fernöstlichen Sammlungen von der Antike bis zur Gegenwart. Und zur Stärkung ist ein Besuch in der „Destille", dem Museumsrestaurant zu empfehlen. Guter Kaffee und hervorragende Kuchen, Salate, kalte und warme Speisen geben neue Kraft zwischen etruskischer Keramik und dem Möbeldesign des 20. Jahrhunderts.

Steintorplatz, St. Georg
Tel: 0049 (0)40 4281342732
www.mkg-hamburg.de
Dienstag – Sonntag 11.00 – 18.00 Uhr,
Mittwoch und Donnerstag 11.00 –
21.00 Uhr, Montag geschlossen

Jenisch Haus

Sehr idyllisch gelegen mitten im Jenischpark mit seinen wildromantischen Wiesen und Blick auf die Elbe bietet das schneeweiße klassizistische Jenisch Haus mehrmals im Jahr wechselnde Ausstellungen zu Architekturthemen. Nach Besichtigung der Räume kann man sich im Café im Erdgeschoss, das vom Hotel Louis C. Jacob betrieben wird, bei Kaffee und Kuchen wunderbar stärken. Auf dem gleichen Parkgelände kann man außerdem in dem schlichten Ernst-Barlach-Haus die ständige Ausstellung mit Holzskulpturen und Zeichnungen des Künstlers besuchen.

Baron-Voght-Straße 50
Klein Flottbek
Tel: 0049 (0)40 828790
www.altonaermuseum.de
www.barlach-haus.de
Dienstag – Sonntag 11.00 – 18.00 Uhr,
Montag geschlossen

Sammlung Falckenberg

Der Privatier und Kunstkenner Harald Falckenberg besitzt eine der eigenwilligsten und besten Sammlungen internationaler Gegenwartskunst in Deutschland. Darunter finden sich z.B. Gemälde, Skulpturen und Installationen von Daniel Richter, Jonathan Meese, Dieter Roth, Nam June Paik und vielen anderen bekannten und noch unbekannten Künstlern. Beeindruckend ist auch die Ausstellungsfläche selbst. Durch einen mutigen architektonischen Eingriff wurde aus der Produktionshalle der alten Phoenix-Werke in Harburg eine moderne Präsentationsfläche, die sich mit großen Museen messen kann.

Achtung: Die Sammlung kann nur nach vorheriger Anmeldung besucht werden. Anmeldung unter:
Tel: 0049 (0)40 32506762, Email: besuch@sammlung-falckenberg.de
www.sammlung-falckenberg.de
Sammlung Falckenberg/
Kulturstiftung Phoenix Art
Phoenix-Fabrikhallen, Wilstorfer Straße 71, Tor 2, Harburg

Zoologisches Museum Hamburg
Der stille Zoo, das Zoologische Museum Hamburg liegt versteckt auf dem Uni-Campus und gibt sich von außen ganz bescheiden. Dabei ist es über 150 Jahre alt und beherbergt Präparate von etwa 90 000 Tieren, darunter Krokodile, ein Nashorn, Bären, Walskelette, Fische, Vögel und Insekten. Am Eingang steht „Walrossdame Antje", die früher im Tierpark Hagenbeck lebte und viele Jahre das Maskottchen des Norddeutschen Rundfunks war.

Martin-Luther-King Platz 3
Rotherbaum
Tel: 0049 (0)40 428382276
Dienstag – Sonntag 10.00 – 17.00 Uhr,
Montag geschlossen
Der Eintritt ist frei.

DIE BESTEN GALERIEN

Admiralitätsstraße
An keinem Ort in Hamburg finden sich so viele Galerien wie in den legendären Fabrikgebäuden auf der Fleetinsel. Ein Rundgang ist abwechslungsreich – und wärmstens

zu empfehlen. Sfeir-Semler mit einer Zweigstelle in Beirut, vertreten große Namen wie Hans Haacke, Walid Raad und Elger Esser, Jürgen Becker Richard Prince und Sigmar Polke, Dörrie*Priess mischen „Stars" wie Stephan Balkenhohl mit spannenden Arbeiten von Jürgen Albrecht oder Nina Kluth. Ordentlich frischer Wind weht bei Karin Guenther, in den Räumen der neu hinzugezogenen Katharina Bittel und bei Artfinder, eng mit Hamburg verwoben geht es in der Produzentengalerie und im Westwerk zu. Achten Sie darauf, wann die Galerien gemeinsam eröffnen, das ist alle paar Monate einer der Kunstevents der Stadt.

Admiralitätstraße 71, Neustadt
Dienstag – Freitag 12.00 – 18.00 Uhr, Samstag 12.00 – 15.00 Uhr

Hafenrand

Der Name irritiert im ersten Moment, da der Hafenrand plötzlich im Bahnhofsviertel St. Georg liegt. Dorthin ist das St.Pauli-Juwel 2008 mit einer Dependance gezogen. Zu sehen sind in den großen und luftigen Räumen in der Langen Reihe moderne und spannende Positionen, die sich durch alle künstlerischen Genre ziehen. Den Blick auf jungen verheißungsvollen

Nachwuchs gerichtet, sind auch die Eröffnungen bei Anton C. Kunze jedes Mal ein gelungen brodelndes Event.

Lange Reihe 88, St. Georg
Tel: 0049 (0)40 51904356,
www.hafenrand.com
Dienstag – Samstag 13.00 – 19.00 Uhr

Conradi

Neu, frisch und eine wirkliche Bereicherung ist die Galerie von Elena Winkel zwischen Chilehaus und Rathausmarkt. So gediegen die Umgebung, so packend und zeitgenössisch ist die junge Kunst, die dort präsentiert wird. Zu der Szene hat die Galeristin einen besonders guten Kontakt: 2001 hob sie mit einer Kollegin die Kunstmesse index aus der Taufe, die bis heute ein tolles Kunstevent ist. In ihrer ersten eigenen Galerie zeigt sie packende Arbeiten wie die von Nadja Frank, die frisch von der Kunsthochschule bereits für ihre radikalen Raumarbeiten bekannt ist.

Schopenstehl 20, Neustadt
Tel: 0049 (0)40 46966645,
www.galerie-conradi.de
Dienstag – Freitag 11.00 – 19.00 Uhr, Samstag 14.00 – 16.00 Uhr

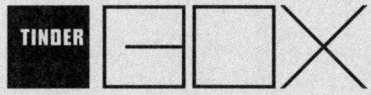

Tel: 0049 (0)40 52599381,
www.tinderbox-art.com
Dienstag – Freitag 10.00 – 18.00 Uhr,
Samstag 11.00 – 15.00 Uhr

Tinderbox

Abseits ausgetretener Galerie-Pfade und wunderbar in Rothenburgsort und direkt an der Elbe gelegen, zeigt Diane Kruse auf 260 qm junge zeitgenössische Kunst. In einem altem Industriegebäude, das der Feuersturm einst verschont hat. Ein Weg, nur wenige Busstationen vom Hauptbahnhof entfernt, der sich lohnt. Nicht nur wegen spannender Ausstellungen von heißgehandelten Künstlern wie Steffen Lenk, sondern auch wegen der schönen Aussichten auf die Stadt. Und wer Zeit hat, kann anschließend abseits des Touristentrubels entspannt die Elbe entlang spazieren.

Billwerder Neuer Deich 72
Rothenburgsort

Vera Munro

Ein Klassiker der Hamburger Galerienszene. Seit 1977 bereichert das ehemalige Fotomodell Vera Munro die Hansestadt mit konzeptueller Kunst. Franz Erhard Walther, Imi Knoebel und Günther Förg sind nur einige der Künstler, die sie in ihren edlen Galerieräumen in Eppendorf vertritt. Offen für neue Künstler gibt es neben den großen Namen durchaus immer wieder Neues zu entdecken.

Heilwigstraße 64, Eppendorf
Tel: 0049 (0)40 474746
www.veramunro.com
Dienstag – Freitag 9.00 – 18.00 Uhr,
Samstag 11.00 – 14.00 Uhr

ARCHITEKTUR

Chilehaus

Das 1922 bis 1924 von Fritz Höger erbaute Kontorhaus ist eines der imposantesten und bekanntesten Bauwerke der Stadt und steht unter Denkmalschutz. Wie ein Schiffsbug wirkt der strenge expressionistische Klinkerbau, in dem noch heute Hamburger Geschäftsleute „in See stechen".

Burchardplatz 1-2, City
Tel: 0049 (0)40 34919247
www.chilehaus.de

City Nord und HEW-Verwaltungsgebäude

Die City Nord ist ein ambitioniertes Architekturprojekt der späten 50er Jahre. Vollkommen losgelöst vom städtebaulichen Kontext der Innenstadt sollten sich in den individuell gestalteten Hochhäusern Großunternehmen ansiedeln. Charakteristisch ist die funktionale, freistehende Bürohaus-Architektur und die Trennung von Straßen- und Fußgängerverkehrsebenen. Den architektonischen Höhepunkt schuf Arne Jacobsen mit seinem Scheibenhochhaus für die HEW.

Überseering 12, Nord
www.city-nord.net

Speicherstadt

Zwischen Deichtorhallen und Baumwall liegt im Freihafen die hundertjährige Speicherstadt, der weltgrößte zusammenhängende Lagerhauskomplex. Die neogotischen Backsteingebäude mit ihren bizarren Giebeln und Türmchen dienen bis heute als Lagerstätte für Kaffee, Tee, Kakao, Gewürze, Tabak und beherbergen das größte Orientteppichlager der Welt. Die architektonischen Details lassen sich am besten genießen bei einer Fahrt mit einer Barkasse über die engen Fleete bei entsprechender Tide.

Im Freihafen, ca. 1 km südlich
des Stadtzentrums
www.hamburger-speicherstadt.de

Die neue HafenCity

Zwischen der historischen Speicherstadt und der Elbe kann man hautnah mitverfolgen, wie auf 155 Hektar Fläche Hamburgs neues Stadtviertel entsteht mit einer urbanen Mischung aus Wohnen, Büro, Kultur und Freizeit. Die Erweiterung der Innenstadt um das ehemalige Hafengebiet zählt zu den großen Vorhaben europäischer Stadtplanung. Noch nicht fertiggestellt, gilt die auf einem alten Kakaospeicher entstehende imposante Elbphilharmonie wohl jetzt schon als neues Wahrzeichen für Hamburg.

www.hafencity.com
www.elbphilharmonie.de

Glas Sekt oder einer Tasse Punsch in der Hand kann man die blinkenden Lichter des Hafens, die bunte Reeperbahn und die großen und kleinen Häuser der Elbmetropole bestaunen. Perfekt für den letzten Abend und den unvergesslichen Abschied eines Hamburg-Besuches.

Hauptkirche St. Michaelis
Englische Planke 1, Neustadt
Tel: 0049 (0)40 28515791
www.nachtmichel.de
Einlass täglich 19.30 – 23.00 Uhr
(Mai bis Oktober), 17.30 – 21.30 Uhr
(November bis April).
Die Öffnungszeiten können sich witterungsbedingt kurzfristig ändern. Turm und Kirche können natürlich auch tagsüber besichtigt werden.

Ab 20 Uhr heißt der Turm der St. Michaeliskirche „Nachtmichel" und bietet den atemberaubendsten Blick über die Stadt. Die Aussichtsplattform liegt zusammen mit der Turmbar auf 82 Meter Höhe und mit einem

JOGGEN IN HAMBURG

Jogger gehören hier zum Stadtbild wie Radfahrer zu Amsterdam. Die Runde um die Außenalster mit etwas über 7 km Länge ist Hamburgs beliebteste Laufstrecke, vorbei an den herrschaftlichen Villen, die sich im Wasser spiegeln und mit herrlichem Blick auf die Segelboote. An warmen sonnigen Tagen kann der Laufspaß allerdings durch die vielen Spaziergänger ein wenig gebremst werden. Für ambitionierte Läufer ist die Strecke an der Elbe nur zu empfehlen. Von Neumühlen bis Blankenese joggt

man in 10 Kilometern den Elbufer-
weg entlang vorbei an den schönen
Landhäusern und netten Cafés und
fühlt sich ein bisschen wie am Meer.
Wer schon in Övelgönne startet, kann
sogar auf Sandstrand laufen.

ENTSPANNEN IM HOLTHUSENBAD

Mit opulentem Wellness-Spa, Fin-
nischer Sauna und Außenpool sind
die ehrwürdigen Jugendstilräume
des Holthusenbades in Eppendorf die
richtige Adresse zum Relaxen nach
einem langen Tag oder bei Nieselre-
genwetter. Jeden zweiten Samstag
im Monat hat die „Mitternachtssau-
na" bis 1 Uhr geöffnet.

Goernestraße 21, Eppendorf
www.baederland.dc
Täglich 9.00 – 23.00 Uhr,
Mai – August bis 22.00 Uhr

SONNTAGS IN UND UM HAMBURG

Hirschpark und Witthüs

Besonders idyllisch liegt zwischen
Nienstedten und Blankenese der vor
über 200 Jahren angelegte Hirschpark. Zwischen uralten Eichen und
Kastanien kann man oberhalb der
Elbe wunderbar spazieren und Dam-
wild und Rentieren im Wildgehege
fröhlich zuschauen. Danach kehrt
man am besten gemütlich zu Tee und
hausgemachten Kuchen ins Witthüs ein. Das alte reetgedeckte weiße
Bauernhaus, in dem der Hamburger
Dichter und Komponist Hans Henry
Jahnn lebte, ist an Sonn- und Feier-
tagen eine beliebte Anlaufstelle der
Hamburger zum Brunch.

Elbchaussee 499a, Blankenese
Tel: 0049 (0)40 860173
www.witthues.de
Café: Montag – Samstag ab
14.00 Uhr, Sonntag ab 10.00 Uhr

Restaurant: Dienstag – Sonntag
19.00 – 23.00 Uhr, Montag
geschlossen

Spaziergang auf dem Friedhof

Mit „Planten und Blomen", dem großen Stadtpark, dem Hirsch-, Jenisch-,
Hayns- und Schanzenpark, dem Nien-
dorfer Gehege und vielen weiteren
Anlagen ist Hamburg eine außerge-
wöhnlich grüne Metropole. Der weit-
läufigste Park ist allerdings ein ganz
besonderer – der Ohlsdorfer Friedhof.
Mit 400 Hektar ist er der größte Park-
friedhof der Welt. Seine rund 800
Plastiken, die historischen Grabmale
und eine eindrucksvolle Gartenar-
chitektur machen den Friedhofspark
zu einem Gesamtkunstwerk interna-
tionalen Ranges. Am Haupteingang
gibt es sogar ein Friedhofsmuseum
und wer möchte, kann mit Hilfe
eines kleinen Faltblattes die Gräber
unvergessener Hamburger wie Hans
Albers, Heinz Erhardt und Gustaf
Gründgens besuchen.

Ohlsdorfer Friedhof
Fuhlsbüttler Str. 756, Ohlsdorf
www.friedhof-hamburg.de
Täglich 8.00 – 18.00 Uhr,
April – Oktober bis 21.00 Uhr

Zu Gast bei den Bismarcks

Bei einem Tagesausflug in den Sach-
senwald kann man einen ausgedehnten Waldspaziergang hervorragend mit Besichtigungen und gutem
Essen kombinieren. Neben dem
Schloss Friedrichsruh, der Daueraus-
stellung „Otto von Bismarck und seine
Zeit" und der Bismarck-Gedächtnis-
kirche, einem imposanten Bau im Stil
des Backsteinexpressionismus, findet sich auch Otto von Bismarcks
letzte Ruhestätte, das Mausoleum in
Friedrichsruh. Auch der nach ihm be-
nannte und 1901 fertig gestellte Bis-
marckturm lohnt einen Besuch und
bietet eine wunderschöne Aussicht
über das Herzogtum Lauenburg.
Wer genug von den Zeugnissen der
Geschichte hat, kann im „Garten der
Schmetterlinge" beim Schloss ent-
spannen. Dort finden sich ein Wasser-
garten, ein riesiger „Duftgarten" und
zwei große Schmetterlingshallen, in
denen mediterrane, exotische, aber
auch heimische Schmetterlingsarten

„MS Frau Hedi"
Wer mit Frau Hedis Tanzbarkasse auf große Fahrt geht, dem ist ein
bleibendes Erlebnis garantiert. Das Schiff ist ein schwimmendes
Wohnzimmer mit Discokugel, Blumengirlanden und Platz zum
Tanzen. Stündlich wechselnde DJ's sorgen für heiße Clubsounds
oder Soulbeats, an der Bar gibt es gut gekühlte Getränke zu fairen
Preisen. Und so gleitet die kleine Party-Barkasse mit stampfenden
Bässen vorbei an den hoch aufragenden Bordwänden der Ozean-
riesen, entlang bizarren Industriekränen und Ladebrücken, durch
Schleusen und Kanäle. Zu jeder vollen Stunde legt das Schiff an
den Landungsbrücken an, um neue Gäste aufzunehmen oder
tanzmüde Passagiere an Land zu entlassen. Der Hafen ist groß
und so ist man selbst nach 5 Stunden Fahrt noch überrascht neue
Hafenbecken und Liegeplätze zu entdecken. Wenn bei schönem
Wetter hinter der offenen „MS Frau Hedi" die Sonne über der Elbe
versinkt, dann weiß man – das ist Hamburg.

Von Mai bis Ende Oktober, Abfahrt St. Pauli Landungsbrücken,
Brücke 10. Freitag und Samstag ab 17.00 Uhr zu jeder vollen Stunde. Fahrpreis bis „Dienstschluss": 8 Euro. Reservierung empfohlen
Tel: 0049 (0)40 42102823 (Band) oder per Mail: hedi@snorway.de,
www.frauhedi.de

herumflattern. Für das kulinarische Wohl sorgt das feine Restaurant „Fürst Bismarck Mühle". Unter den Augen des Reichskanzlers, der auf einem Lenbach-Portrait verewigt ist, lässt sich die traditionelle norddeutsche Küche stilvoll genießen.

Aumühle-Friedrichsruh erreicht man von Hamburg aus bequem per S-Bahn (Haltestellen Aumühle und Friedrichsruh) oder mit dem Auto über die A24 – Abfahrt Reinbek.

Restaurant Fürst Bismarck Mühle
Mühlenweg 3, Aumühle
(S-Bahn Haltestelle Aumühle)
Tel: 0049 (0)4104 2028
www.bismarckmuehle.de
Donnerstag – Dienstag
12.00 – 21.30 Uhr (Küche),
Mittwoch geschlossen

Garten der Schmetterlinge
Friedrichsruh. Am Schlossteich 8,
Aumühle-Friedrichsruh
(S-Bahn Haltestelle Friedrichsruh)
www.garten-der-schmetterlinge.de
Tel: 0049 (0)4104 60 37
Geöffnet vom 20. März bis 25. Oktober täglich von 9.00 – 18.00 Uhr,
November täglich von 10.00 – 17.00 Uhr

Willkommen in Hamburg – die Schiffsbegrüßungsanlage

Am „Willkomm-Höft", ca. 20 km elbabwärts von den Landungsbrücken, werden alle ein- und ausfahrenden Schiffe des Hamburger Hafens begrüßt und verabschiedet. „Willkommen in Hamburg" scheppert es, gefolgt von der Nationalhymne des jeweiligen Landes, unter der das Schiff fährt, aus riesigen Lautsprechern. Dazu wird am 40 m hohen Mast die Hamburger Fahne zum Gruß „gedippt". Das Schiff erwidert den Gruß. Alle Aktionen liegen in den Händen ehrenamtlicher Lotsen und Kapitäne, die sich gern bei der Arbeit in ihrer Glaskabine beobachten lassen und Auskünfte geben. Die notwendigen Informationen werden vom Schiffsmeldedienst per Fax eingegeben und über eine eigene Kartei mit ca. 16 000 handgeschriebenen Karteikarten verwaltet. Vertiefende Informationen über Reiseroute, Größe und Ladung des kommenden oder scheidenden Schiffes gibt es im benachbarten Schulauer Fährhaus bei Kaffee und Kuchen. In Schulau scheint die Zeit für einen Moment stehen geblieben. Ein schöner Sonntagsausflug, nicht nur für Freunde des Maritimen.

Schulauer Fährhaus
Parnaßstraße 29 – Wedel/Rissen
www.schulauer-faehrhaus.de

Ein Engel in Teufelsbrück

Am Fähranleger, wo die Lotsenboote festmachen und die Linienfähre aus Hamburg an- und ablegt, schwimmt das Restaurant und Café Engel. Wie ein großes Gewächshaus thront es auf dem Ponton und bietet seinen Gästen durch große Panoramascheiben den 18-Grad-Blick auf die Elbe. Aber es ist nicht nur der Blick, auch die Speisen und Getränke im Café und Restaurant Engel sind den Ausflug nach Nienstedten wert. Selbst gebackene Kuchen und eine abwechslungsreiche und wöchentlich wechselnde Mittags- und Abendkarte sind im Angebot.

Restaurant Engel
Landeanlage Teufelsbrück
Nienstedten
Tel: 0049 (0)40 824187
www.restaurant-engel.de
Täglich 11.00 – 22.30 Uhr (Küche),
Sonntagsbrunch: 10.00 – 14.30 Uhr

Auf den Wegen des Wassers

Aus einer ganz anderen Perspektive kann man Hamburg mit dem Kanu erschließen. Ein schier endloses Netz aus Kanälen, Wasserläufen und kleinen Teichen durchzieht die ganze Stadt. Und weil Wasserwandern, Picknicken auf der Alster, Faulenzen in der Sonne und sportliches Paddeln in der Hansestadt so beliebt sind, hat sich eine ganze Kultur darum gebildet. Neben Einer- und Zweierkajaks kann man beim Goldfisch Bootsverleih auch Kanus für bis zu 4 Personen ausleihen und sich dort für den Ausflug auf die Fleete mit einem komplett gepackten Picknickkorb mit Sushi oder Antipasti und kalten Getränken versorgen. Wer unterwegs noch immer hungrig ist, hat an vielen Cafés und Restaurants die Möglichkeit anzulegen. Besonders schön sind Abstecher in den Feenteich, den Rondeelteich und den Stadtparksee. Die besten Stopps plant man am Café Sommerterrassen, am Fiedlers oder an Bodo's Bootssteg an der Außenalster ein. Es gibt sogar ein „Coffee to go" mit einer Klingel auf der Wasserseite des Café Canale. Die Bestellung wird dann an einer Kordel durchs Fenster ins Boot gelassen.

Goldfisch Bootsverleih
Isekai 1, am Isebekkanal, Eppendorf
Tel: 0049 (0)40 57009690
www.goldfisch.de
Sommersaison täglich
10.00 – 20.00 Uhr
Einer- und Zweierkajaks,
2-, 3- & 4er-Kanus und Tretboote
ab 9 Euro die Stunde

Bootsvermietung Dornheim
Kaemmererufer 25, Winterhude
Tel: 0049 (0)40 2794184
www.bootsvermietung-dornheim.de
Kanus, Kajaks, Ruder- und Tretboote,
Mannschaftsboote bis 18 Personen
Besonderheit: drei venezianische
Gondeln
Sommersaison täglich 9.30 –
22.00 Uhr

Der alte Elbtunnel

Wer einmal auf der A7 durch den Elbtunnel gerauscht ist, wird damit allenfalls die vorbeifliegenden Kacheln und die kalten Neonlichter in Erinnerung behalten haben. Aber es gibt noch einen Elbtunnel und der ist alt, beschaulicher und alles geht viel, viel langsamer. Er wurde schon 1911 eröffnet, galt damals als technisches Wunderwerk. Die zwei Röhren verbinden St. Pauli mit der Hafeninsel Steinwerder. Der Tunnel ist an Wochentagen noch immer für PKWs in Betrieb, die Autos werden dann mit Aufzügen nach oben und unten bewegt. Ein Blick in den Tunnelbau ist absolut lohnenswert. Noch besser ist es aber, die ganzen 426,5 m unter der Elbe zu Fuß zu durchlaufen und vom Ausgang in Steinwerder über den Fluss auf das Postkartenpanorama der Landungsbrücken, Vorsetzen und Speicherstadt zu blicken. Wer jetzt noch eine Flasche Weißwein, eine Decke und Sandwiches dabei hat, hat die richtige Wahl getroffen.

Alter Elbtunnel, Bei den Landungsbrücken, St. Pauli. Fußgänger und Radfahrer täglich, rund um die Uhr, PKWs Montag – Freitag 5.30 – 20.00 Uhr

Hamburg lässt sich wunderbar mit dem Fahrrad entdecken. Es gibt ein dichtes Netz an Radwegen und da die Stadt recht kompakt ist, kommt man auch relativ schnell zur Außenalster, an die Elbe oder nach Blankenese. Empfehlenswerte geführte Radtouren in und um Hamburg bietet „Hamburg anders erfahren" an, wie einen Ausflug ins Alte Land durch weitläufige Obstplantagen vorbei an wunderschönen Fachwerkhäusern mit Stopp bei einem Obstbauern. Oder Sie entdecken mit dem „Hamburg-Törn" die schönsten Wege der Stadt und bekommen dabei einen Überblick, der Kurzbesuchern sonst verschlossen bleibt.

Fahrradverleih am Hauptbahnhof
Tel: 0049 (0)40 391850475
Täglich 7.00 – 22.00 Uhr

Hamburg anders erfahren
www.hamburg-anders-erfahren.de
Halbtages-Touren kosten 27,50 Euro
pro Person

ANGESAGTE VIERTEL

Schanzenviertel
Die „Schanze", das Viertel zwischen Pferdemarkt und der Sternschanze ist wild, bunt und multikulturell. Direkt an der Roten Flora, einem alten Theater, das jetzt ein „Autonomes besetztes Kulturzentrum" ist, liegt die „Piazza", auf der Hamburgs Kreative vor portugiesischen Cafés ihren Galão schlürfen, beim türkischen Gemüsehändler oder in Boutiquen junger Modedesigner einkaufen und den Abend in schick schäbigen Bars ausklingen lassen.

Karolinenviertel
Als Zentrum des ehemaligen Arbeiterviertels gleich hinter dem Alten Schlachthof hat sich die Marktstraße als alternative Einkaufsmeile etabliert. Dort und in den umliegenden Straßen versammeln sich kleine, besondere Läden wie Herr von Eden, Elternhaus, Garment, Saxifraga ne-

ben von Neonröhren beleuchteten türkischen Herrenclubs und kleinen Galerien, Cafés und Imbissen.

Ottensen

Ottensen ist ein gefragter Stadtteil geworden, in den es immer mehr junge Familien, Studenten und auch Kreative zieht. Das wiederum bringt interessante Geschäfte, Cafés, Restaurants und Bars in das „Neue Ottensen" entlang der Ottenser Hauptstraße.

Wohnkultur 66

Ein Möbelgeschäft der besonderen Art: In den wunderschönen Lagerhallen des ehemaligen Schlachthofs mischen sich alte skandinavische Designklassiker mit ausgesuchten modernen Möbelfirmen und tollen wechselnden Fotografien an den Wänden wie in einer herrlichen Ausstellung.

Sternstraße 66, Schanzenviertel
Tel: 0049 (0)40 436002
www.wohnkultur66.de
Dienstag – Samstag 12.00 – 18.00 Uhr

Kuball & Kempe

Liebevoll haben Thomas Kuball und Peter Kempe die schönsten Dinge aus vielen Städten Europas in ihrem Store zusammengetragen. Ein ausgestopftes Huhn von Deyrolle steht neben der gold verpackten Seife von Annick Goutal aus Paris, über den coolsten Turnschuhen finden sich Tassen mit Drachenmotiven, die von den Ladenbesitzern für Meissen entworfen wurden. Produkte, so handverlesen, dass die Leidenschaft der beiden „Finder" in jedem Stück spürbar ist.

Alter Fischmarkt 11, City
Tel: 0049 (0)40 30382200
Montag – Freitag 10.00 – 18.00 Uhr,
Samstag 11.00 – 16.00 Uhr

HL – Harald Lubner

Eine exquisite Auswahl an kleinen Kosmetikschätzen aus aller Welt und ein Paradies für Geschenke. Neben Düften und Kosmetik gibt es auch allerlei wohlriechende Kerzen, Potpourris, selbst parfümierte Papiere zum Anzünden fehlen nicht im Sortiment.

Große Bleichen 23, City
Tel: 0049 (0)40 35715455
www.harald-lubner.de
Montag – Freitag 11.00 – 19.00 Uhr,
Samstag 10.30 – 16.00 Uhr

Sautter + Lackmann

Sautter + Lackmann ist Hamburgs Buchparadies für Architektur, Kunst, Design, Film und Fotografie. Gut sortiert mit einer freundlich-kompetenten Beratung ist es ein hervorragender Ort, an dem man Stunden damit verbringen kann, in den schwarzen Holzregalen zu stöbern.

Admiralitätstraße 71-72, City
Tel: 0049 (0)40 373196
www.sautter-lackmann.de
Montag – Freitag 10.00 – 19.00 Uhr,
Samstag 11.00 – 17.00 Uhr

Anberg

In den einzelnen Räumen der schön renovierten Altbauwohnung kann man nicht nur angesagte Stücke aus den Kollektionen Maison Margie-la, A.P.C., Comme des Garçons, Bless, Pierre Hardy u.a. finden, sondern auch handverlesene Gläser und Objekte, persönlich zusammengetragene Bücher und Bildbände und das ein oder andere kulinarische Souvenir entdecken.

Isestraße 94, Eppendorf
Tel: 0049 (0)40 46092909
www.anberg.ag
Montag – Freitag 10.00 – 19.00 Uhr,
Samstag 11.00 – 18.00 Uhr

Elternhaus®

Elternhaus Mägde und Knechte

Alte Militärjacken, T-Shirts und Accessoires mit aufgedruckten Sprüchen wie „Ich beobachte mich" oder „Hoch hinauf in die Tiefe". Ironisch wird mit Krieg und Frieden, Erziehung und Freiheit umgegangen. Kult, obwohl es sicher nicht jedermanns Sache ist, einen solch schwarzen Humor spazieren zu tragen.

Marktstraße 29, Karolinenviertel
Tel: 0049 (0)40 4308830
www.elternhaus.com
Montag – Samstag 12.00 – 19.00 Uhr

Petra Teufel

Eine Institution für avantgardistische Mode mit einem breiten Angebot von belgischen Designern wie Ann Demeulemeester und Dries Van Noten zu alten Couture-Labels wie Balenciaga Nina Ricci, die es seit 1988 in der Innenstadt gibt. Neu hinzugekommen sind eine Filiale in der Eppendorfer Landstraße 36 und in der Langen Reihe 50, die Marken sind hier etwas trendiger und mehr casual.

Hohe Bleichen 13, City
Tel: 0049 (0)40 3786160
www.petra-teufel.de
info@petrateufel.de
Montag – Freitag 10.00 – 19.00 Uhr,
Samstag 11.00 – 18.00 Uhr

Feldenkirchen

Eine der wichtigsten Adressen, wenn es um aktuelle Mode, neue Marken aus Amerika und die neuesten Jeans in Hamburg geht. Große Auswahl an lässigen Jacketts, schlabberigen T-Shirts und schrägen Röcken – in genau der richtigen Mischung und ohne zu schlunzig zu wirken. Einfach überzeugend. Es gibt in der Neue ABC-Straße noch eine Filiale für Männer.

Poststraße 51, City
Tel: 0049 (0)40 35710778
Montag – Freitag 11.00 – 20.00 Uhr,
Samstag 11.00 – 18 Uhr

Anita Hass

Anita Hass trifft mit ihrer Auswahl bekannter Labels wie Stella McCartney, Alexander McQueen oder Marc Jacobs den Nerv der Zeit. In ihrem exklusiven Laden findet man immer sein persönliches „Objekt der Begierde". 2005 ist direkt nebenan ein neuer Laden hinzugekommen, der jüngere, sportlichere Marken wie Acne oder Lala Berlin verkauft.

Eppendorfer Landstraße 60,
Eppendorf
Tel: 0049 (0)40 465909
www.anitahass.de
Montag – Freitag 10.00 – 19.00 Uhr,
Samstag 10.00 – 17.00 Uhr

Herr von Eden

Männerbekleidung aus vergangenen Zeiten. Gut sortiert wie beim englischen Herrenausstatter. Schöne, alte Tweedsakkos, Hemden, Anzüge und vieles mehr hat Bent A. Jensen individuell zusammengesucht. Dazu verkauft er noch zwei eigene Kollektionen pro Jahr.

Marktstraße 33, Karolinenviertel
Tel: 0049 (0)40 4390057
www.herrvoneden.de
Montag – Freitag 11.00 – 20.00 Uhr,
Samstag 11.00 – 18.00 Uhr

Einer der schönsten Wochenmärkte Hamburgs unter der alten Hochbahnstraße ist der Isemarkt. Zwischen herrschaftlichen Jugendstilbauten rechts und links der Isestraße reiht sich über einen Kilometer lang ein Marktstand an den nächsten mit kulinarischen Spezialitäten und Obst und Gemüse der Saison, das meiste davon kommt direkt von Bauern aus dem Alten Land.

Isestraße, Harvestehude
Dienstag und Freitag
8.30 – 14.00 Uhr

Zwei Lieblingsadressen, die Sie nach einem Bummel über den Isemarkt wunderbar ansteuern können:

TH2

Das TH2 erfrischt mit seiner hellen, freundlichen Stimmung: weiß gestrichene Wände, Korbsessel und das leckere Gebäck und die Sandwiches werden wie in einem englischen Landcafé präsentiert.

Klosterallee 67, Eppendorf
Tel: 0049 (0)40 42107944
www.th2.de
Montag – Freitag
9.00 – 19.30 Uhr,
Samstag 9.00 – 18.00 Uhr,
Sonntag 10.00 – 18.00 Uhr

Brücke

Die Brücke hatte schon immer den gewissen „Kultfaktor", der sich Fremden erst so richtig auf den zweiten Blick zeigt. Die Räume innen sind im rustkalen Kneipenstil gehalten und nebenan gehört noch eine kleine charmante Weinhandlung dazu. Das Essen ist wunderbar frisch und ohne Schnörkel, die Weine gut ausgesucht. Draußen sitzt es sich im Sommer richtig nett, mit Blick auf die herrschaftlichen weißen Gründerzeithäuser in der Isestraße.

Innocentiastraße 82, Harvestehude
Tel: 0049 (0)40 4225525
Montag – Samstag 12.00 – 15.00 Uhr
und 19.00 – 23.00 Uhr (Küche),
Sonntag 18.00 – 23.00 Uhr (Küche)

Franzbrötchen

Eine Hamburger Spezialität. Herrlich feinblättriges Plundergebäck mit Zimt-Butter überzogen.

Kleine Konditorei

Lutterothstraße 9-11, Eimsbüttel
Tel: 0049 (0)40 406060
Montag – Freitag 6.00 – 18.30 Uhr,
Samstag 7.00 – 18.00 Uhr,
Sonntag 7.30 – 18.00 Uhr

Obst-Streuselkuchen

Himbeere, Erdbeere, Pflaume, Rhabarber, Kirsche, Apfel, immer dampfend heiß vom Blech.

Petit Café (siehe auch S. 60)

Hegestraße 29, Eppendorf
Tel: 0049 (0)40 4605776
Montag – Freitag 9.30 – 19.00 Uhr,
Samstag und Sonntag ab 10.00 Uhr

Hefecroissant

Schmeckt so gut wie in Portugal, passt hervorragend zu einem heißen Galão.

Transmontana

Schulterblatt 86, Schanzenviertel
Tel: 0049 (0)40 43184006
www.pastelaria-transmontana.de
Öffnungszeiten: Montag – Freitag
7.00 – 19.00 Uhr, Samstag und
Sonntag 8.00 – 18.00 Uhr

Kaffee

Ein Laden aus der „Pippi-Langstrumpf-Zeit" mit voll gestopften, hohen Holzregalen, nirgendwo ein Eckchen, wo nicht köstliche Süßigkeiten aus aller Herren Länder den Süchtigen entgegenlachen. Eigentlich geht es aber um den selbst gemahlenen Kaffee und die große Auswahl an allem, was dazugehört.

Kaffeerösterei Burg

Eppendorfer Weg 252, Eppendorf
Tel: 0049 (0)40 4221172
www.kaffeeroesterei-burg.de
Montag – Freitag 8.00 – 19.00 Uhr,
Samstag 8.00 – 18.00 Uhr

Eis

Zimt-Pflaume oder Joghurt-Johannisbeere sind immer eine Fahrt nach Ottensen wert, aber auch Standardsor-

ten wie Schokolade und Vanille sind ausgesprochen cremig und lecker.

Eisliebe
Bei der Reitbahn 2, Ottensen
Tel: 0049 (0)40 39808482
Täglich 12.00 – 21.00 Uhr (März – Okt.)

Flammkuchen
Am besten klassisch mit Schmand, Zwiebeln und Schinkenspeck, es gibt aber auch Varianten mit Ziegenkäse oder Sauerkraut. Sie kommen auf Holzbrettern und dazu trinkt man am besten deutsche Weine oder Bier vom Fass.

Jimmy Elsass
Schäferstraße 26, Eimsbüttel
Tel: 0049 (0)40 44195965
Täglich 18.00 – 24.00 Uhr (Küche)

Wiener Schnitzel
mit einem besonders leckeren Kartoffel-Gurken-Salat

Vienna (siehe auch S. 22)
Fettstraße 2, Eimsbüttel
Tel: 0049 (0)40 4399182
www.vienna-hamburg.de
Küche: Dienstag – Sonntag 19.00 – 23.00 Uhr, Montag geschlossen

Matjesbrötchen
Seit 1926 am Hamburger Fischmarkt bei Goedeken Wilhelm

Goedeken Wilhelm,
Große Elbstraße 141b
Tel: 0049 (0)40 389701
www.wilhelm-goedeken.de
Montag – Freitag 9.00 – 16.00 Uhr

DER KÜCHENBULLE MACHT ERNST

Tim Mälzers Bullerei
Das neue, große Restaurant „Bullerei" von Fernsehkoch Tim Mälzer liegt mitten im Schanzenviertel, an der S-Bahn Sternschanze. Eine alte Rinderschlachthalle wurde spektakulär restauriert, interessant eingerichtet und bietet jetzt ein Restaurant mit 130 Plätzen am Abend und ein Bistro mit Mittagstisch und Plätzen im Freien. Das Essen ist gut, die Portionen könnten für den aufgerufenen Preis etwas großzügiger ausfallen und der Service muss sich wohl noch einspielen. Für alle die Tim mögen und ihn mal sehen wollen ein „Muss", für alle anderen ein durchaus interessantes Erlebnis.

Lagerstraße 34b, Schanzenviertel
Tel: 0049 (0)40 33442110
www.bullerei.com

Deli: täglich ab 11.00 Uhr
Restaurant: täglich ab 18.00 Uhr

AUSGEHEN, SCHANZE & KIEZ

Schanzenviertel

BP1 – Bar Projekt
Wahrscheinlich die kleinste Bar in Hamburg und eine der ersten auf der Schanze. Tresenkräfte und DJs sind miteinander befreundet und gelegentlich gibt es an der Bar eine spontane Jam-Session. Authentisch, alternativ, angesagt.

Schulterblatt 74, Schanzenviertel
Täglich ab 22.00 Uhr

Daniela Bar
Gegründet von zwei Frauen, die festgelegt haben, dass auch nur Frauen dort arbeiten dürfen. Die Daniela ist seit Jahren eine Bar-Institution auf 20 qm und hinter dem Tresen hängt „Daniela" in Öl. Gute Partylocation, großzügige Gin-Tonics.

Schulterblatt 86, Schanzenviertel
www.daniela-bar.de
Mai – September ab 16.00 Uhr,
Oktober – April ab 21.00 Uhr

Die Welt ist schön
Entspannte Lounge über drei Etagen mit geschmackvoller Einrichtung. Im Sommer bietet „Die Welt ist schön" sogar noch einen Garten und eine Dachterrasse. Der Barmann versteht sein Handwerk und neben Cocktails gibt es trinkbare offene Weine und kleine Snacks.

Neuer Pferdemarkt 4
Schanzenviertel/St. Pauli
www.dieweltistschoen.net
Dienstag – Samstag ab 20.00 Uhr

Kiez/St. Pauli

Die Reeperbahn und ihre unzähligen Nebenstraßen sind nicht nur Magnet für Touristen, auch die Hamburger gehen am Wochenende auf den Kiez. Nur muss man genau wissen, wohin. Nett und Nepp liegen hier nur einen Steinwurf auseinander.

Hasenschaukel
Eine liebevoll eingerichtete Bar, in der es familiär zugeht und raffinierte

kleine Snacks und gute Musik auf die Teller gelegt werden. Besonders die Konzerte sind zu empfehlen. Unmittelbarer kann man die Musik junger Bands und engagierter Singer und Songwriter kaum bekommen.

Silbersackstraße 17, St. Pauli
www.hasenschaukel.de
Mittwoch – Samstag ab 19.00 Uhr

Amphore

In der Hafenstraße, wo früher die Pflastersteine flogen, ist schon lange Ruhe eingekehrt. Hier findet sich die wohl entspannteste Bar mit dem spektakulärsten Blick über Hafen und Elbe. Die Außenplätze sind vom frühen Frühjahr bis in den Spätherbst begehrt und damit man nicht friert, gibt es Wolldecken für die Beine.

Hafenstraße 140, St. Pauli
www.cafe-amphore.de
Täglich ab 10.00 Uhr

Golden Pudel Club

Der Pudel ist speziell. Klein, ein bisschen runtergekommen, aber in exponierter Lage nennt er sich selbstbewusst „Die Elbphilharmonie der Herzen". Was aber sicher ist, hier legen die besten DJs auf und es gibt keinen schöneren Ort, nach einer durchtanzten Nacht die Sonne über der Werft aufgehen zu sehen.

Am St. Pauli Fischmarkt 27, St. Pauli
www.pudel.com
Täglich ab 22.00 Uhr

BUCHTIPP

Uwe Timm, Die Entdeckung der Currywurst

Eine wunderbare Liebesgeschichte im Hamburg der letzten Kriegstage. In Erinnerung an seine Kindheit macht sich der Erzähler auf die Suche nach der ehemaligen Besitzerin einer Imbissbude am Hamburger Großneumarkt. Er findet die hochbetagte Lena Brücker in einem Altersheim und erfährt die Geschichte ihrer schönsten Jahre und wie es zur Entdeckung der Currywurst kam.

Siegfried Lenz, Der Mann im Strom

Der Berufstaucher Hinrichs geht seit fast 20 Jahren täglich in die Tiefe der Hafenbecken und wird darüber langsam alt. Das aber will er nicht wahr haben und stellt sich mit all seiner Kraft dagegen ausgebootet zu werden. Das Buch ist einfach und spannend, ist Zeitkritik und Zeitdarstellung und – wie Siegfried Lenz selbst – ein Stück von Hamburg.

FILMTIPP

Absolute Giganten

Es geht um drei Freunde und ihre letzte gemeinsame Nacht. Sie ziehen durch Hamburgs Kneipen, Straßen und Clubs, träumen, streiten, lachen und sind hin- und hergerissen zwischen der Melancholie des Abschieds und der Euphorie der letzten gemeinsamen Stunden. Eine kleine, feine Geschichte, die 2000 einen Deutschen Filmpreis bekam. Dtl. 1999, R: Sebastian Schipper, D: Frank Giering, Florian Lukas.

Der amerikanische Freund

1977 lockte Wim Wenders Dennis Hopper für diese Patricia-Highsmith-Verfilmung in die Hansestadt. Bei dem Krimi um Kunst, Krankheit und Verbrechen ziehen schönste Hafen-Kulissen und Seventiesflair vorbei. Dtl. 1977, R: Wim Wenders, D: Dennis Hopper, Bruno Ganz

Nordsee ist Mordsee

Eine trostlose Jugend in Mümmelmannsberg. Uwe ist 14, wird vom Vater geschlagen, flüchtet in die Gewalt und zu seiner Clique. Ein preisgekröntes Drama, das in der Hamburger Vorstadt beginnt und im Hafen endet. Dtl. 1976, R: Hark Bohm, D: Uwe Bohm, Dschingis Bowakow

BEKANNTE HAMBURGER

Hans Albers (1891-1960)

Hans Albers ist in der Langen Reihe in St. Georg geboren. Der Mann mit den strahlenden wasserblauen Augen begeisterte fast dreißig Jahre lang das Publikum mit seinem jungenhaften Charme, einem unerschütterlichen Selbstbewusstsein und der entwaffnenden Art, auf der Bühne und im Film immer nur er selbst zu sein. Seine Lieder kannten alle: „Das ist die Liebe der Matrosen" (1931), „Goodbye, Jonny" (1939), „La Paloma ohe" (1944), „Nimm uns mit, Kapitän, auf die Reise" (1953). Er war ein Volksidol und noch heute schwärmen Generationen vom „blonden Hans", dem Tausendsassa und Alleskönner.

Vollblut-Musiker, vielseitiger Künstler, Bundesverdienstkreuzträger und dauerhafter Bewohner des Atlantic Hotels ist er ein Markenzeichen Deutschlands.

Udo Lindenberg

1968 ist Udo Lindenberg als Tramper nach Hamburg gekommen und wäre auf Jobsuche fast Seemann geworden. Anfang der 70er Jahre betrat er deutsche Bühnen und machte als Erster die Rockmusik mit deutschen Texten populär. Seit fast vier Jahrzehnten ist der Mann mit dem Schlapphut als Musiker aktiv und erfindet sich immer wieder neu. Als

Tourist office:

Touristinformation im
Hauptbahnhof
Hauptausgang Kirchenallee
Montag – Samstag 8.00 – 21.00 Uhr,
Sonntag 10.00 – 18.00 Uhr

Touristinformation am Hafen:

St. Pauli Landungsbrücken,
zwischen Brücke 4 und 5
Täglich 10.00 – 18.00 Uhr, Di, Do, Fr,
Sa bis 19.00 Uhr, von April bis
September ab 8.00 Uhr

City-Websites:

www.szene-hamburg.de
www.hamburg-tourism.de

Telefonieren:

Deutschland: 0049
Hamburg: (0)40

Transport Flughafen:

Taxi: von der City ca. 30 min /
ca. 30 Euro
S-Bahn: S1 vom Hauptbahnhof von
6.00 – 23.00 Uhr im 10-Minuten-Takt,
25 min. ohne Umsteigen / 2,70 Euro

Taxiruf:

6 x 6: 0049 (0)40 666666
Hansa Funk: 0049 (0)40 211211
Das Taxi: 0049 (0)40 221122

Fahrradverleih:

Am Hauptbahnhof
Tel: 0049 (0)40 391850475
Täglich 7.00 – 22.00 Uhr

Stadtmagazin:

Szene Hamburg
Ausgehen in Hamburg

MEIN PERFEKTES WOCHENENDE

Freitag:

Samstag:

Sonntag:

GUTSCHEIN FÜR EINE PROBEMITGLIEDSCHAFT

Die Buchreihe „Ein perfektes Wochenende in ..." wird herausge-geben vom Online-Cityguide www.smart-travelling.net. Hier finden Sie viele weitere ungewöhnliche Adressen für über 25 eu-ropäische Städte. Tipps für Shops, Galerien, Hotels, Snacks und Restaurants. Smart Travelling zeigt nicht alles und jedes, son-dern sucht nach dem Authentischen und Besonderen, nach Or-ten, die das Flair einer Stadt ausmachen und uns immer wieder empfangen wie ein guter Freund.

Werden Sie bei unserem Online-Cityreiseguide www.smart-travel-ling.net kostenlos Probemitglied für drei Monate. Klicken Sie auf den ersten Schlüsselbutton (Gutschein einlösen) der Homepage und geben Sie im Schritt 2 das folgende Passwort ein:

HA200872-3x897c

www.smart-travelling.net